D1924375

Mit herzlichem Dank Dir,
lieber Reinhard Hayn, aus
Anlaß Deiner 40jährigen
Parteimitgliedschaft überreicht
von Deinem Ortsverein.

Elke Weske

Wolfenbüttel 1995

Rudolf G. A. Fricke

DIE ARBEITERBEWEGUNG IN UNSEREM LAND

Geschichte der Sozialdemokratie in Wolfenbüttel und Braunschweig von den Anfängen bis 1870/71 mit einem Ausblick in die Neuzeit

elm VERLAG

ISBN 3-927060-03-8
Druck: Druckerei Geffers, 3153 Lahstedt
Titelgestaltung: Günther Bendt

Vorwort

Das einsetzende Industriezeitalter brachte tiefgreifende Veränderungen in der Arbeitswelt und der gesellschaftlichen Ordnung mit sich. Schamlos wurde die Arbeitskraft einer ganzen Klasse von Menschen ausgebeutet.

Die Betroffenen begannen schließlich damit, sich in Selbsthilfegruppen und Arbeitervereinen zu organisieren, um in solidarischer Gemeinschaft um Verbesserungen in den Arbeits- und Lebensbedingungen zu kämpfen und um einen anerkannten Platz in der Gesellschaft zu erwirken. Mit dem Allgemeinen Deutschen Arbeiterverein, kurz ADAV genannt, entstand 1863 in Deutschland die erste in diesem Sinn politisch bedeutende Arbeitervereinigung.

Wie war es zur Zeit der industriellen Revolution in Wolfenbüttel um die Situation der Arbeiterschaft und ihrer Familien bestellt? Wo waren hier die Ursprünge einer politisch motivierten Arbeiterbewegung und damit die Wurzeln der heutigen Sozialdemokratie? Wer waren ihre Führer?

Diese Fragen begleiteten mich, als ich versuchte, die Anfänge der Geschichte der Wolfenbütteler Sozialdemokratie zu erkunden. Zu Dank verpflichtet bin ich dabei Hans Greie, der mir seine Examensarbeit „Über die frühe Arbeiterbewegung in Wolfenbüttel" zu Verfügung gestellt hat, sowie Frau Marlis Buchholz, die mir einen Einblick in ihr Manuskript über „Wolfenbüttel im Kaiserreich" gewährte.

Mancher Leser wird vermutlich erstaunt sein, Wolfenbüttel und Braunschweig sogar mit überregionaler Bedeutung eingebunden in das Geschehen der deutschen Arbeiterbewegung zu finden. So waren zum Beispiel Wolfenbütteler Arbeiterführer 1869 maßgeblich an der Abspaltung der marxistisch orientierten SDAP vom ADAV beteiligt: Wolfenbüttel, mit Braunschweig, wurde Sitz des Vorstandes der SDAP und Wolfenbüttel war Schauplatz des ersten großen Prozesses gegen Sozialdemokraten.

Diese Phase in der Wolfenbütteler Parteigeschichte ist allerdings nahezu ausschließlich geknüpft an die Person des Lehrers Samuel Spier. In Braunschweig wirkte Wilhelm Bracke als herausragende Persönlichkeit der Arbeiterbewegung.

Über die Braunschweiger Geschichte der Sozialdemokratie und zur Person Brackes sind bereits ausführliche Darstellungen, zum Beispiel von Professor Eckert (†), erschienen. Wegen des engen Beziehungsgeflechts zur Nachbarstadt, haben sich bei der Darstellung der Wolfenbütteler Geschehnisse zwangsläufig Anlehnungen an diese Darstellungen ergeben.

Etwas knapp geraten scheinen die Schilderungen der Auswirkungen die die politischen Aktivitäten direkt vor Ort im täglichen Leben der Wolfenbütteler Arbeiterfamilien brachten. Doch will man sich nicht auf den Pfad der Spekulationen begeben, so sind diese immer nur so weit nachvollziehbar, wie es dokumentarische Materialien zulassen.

Zudem scheint das Ziel der frühen politischen Arbeiterführer auch dahin gegangen zu sein, grundlegende Veränderungen im Staat zu erreichen. Kleine, nur regional begrenzte Veränderungen zu erwirken, bedeutete vermutlich, seine Kräfte für etwas einzusetzen, das jederzeit der Gefahr des Rückschritts unterlag.

Die vorliegende Darstellung endet mit dem Jahr 1870/71. Dies markiert auch das Ende der Phase, in der Wolfenbüttel eine besondere Stellung in der deutschen Arbeiterbewegung einnimmt. Um nun aber das Ende der Arbeit nicht zu abrupt erscheinen zu lassen, wurde noch ein kurzer Überblick über die Parteigeschichte danach, das heißt bis 1982, angefügt. Diese Zeit genauer aufzuarbeiten, wird eine Zukunftsaufgabe sein.

Wolfenbüttel, im Februar 1989

I. Die Arbeiterbewegung in Deutschland

Eine Fülle technischer Neuerungen, wie sie nie zuvor in einem so kurzen Zeitraum und in solcher Dichte hervorgebracht worden war, prägte zwischen 1750 und 1850 in Europa die Epoche der Industriellen Revolution. Die Industrialisierung nahm ihren Anfang in England und war dort um 1830 bereits im Wesentlichen abgeschlossen; zur Wende vom 18. in das 19. Jahrhundert erfaßte die Entwicklung Frankreich, wo sie bis etwa 1850 anhielt.

Deutschland hingegen zeigte sich zunächst noch als ein Vielstaatengebilde, das durch unterschiedliche Währungen, Gesetze und Zollgrenzen zerrissen war und so keinen günstigen Boden für die Einführung industrieller Produktionstechniken bot. Erst mit der Bildung des Deutschen Zollvereins 1834 änderten sich die strukturellen Bedingungen, und die Industrielle Revolution setzte auch hier ein. In den fünfziger und sechziger Jahren erreichte sie in Deutschland ihren Höhepunkt.

Mit der Industrialisierung in Deutschland war ein Aufblühen des Handels verbunden, eine Steigerung der Produktionskräfte und eine rasche Vermehrung des Kapitalvermögens. In der Arbeitswelt und der gesellschaftlichen Ordnung folgten tiefgreifende Umwälzungen.

Es erwuchs ein neureiches Industriebürgertum und verdrängte die alten feudalen Herrschaftskreise aus ihren angestammten gesellschaftlichen Machtpositionen. In der Wirtschaftswelt hob sich zunehmend ein industrielles Unternehmertum gegen das in Zünften organisierte Handwerker- und Kleinbürgertum ab. Viele Handwerksmeister unterlagen der Konkurrenz der Fabriken und sanken, zusammen mit ihren stellungslos gewordenen Gesellen, zum sogenannten Handwerkerproletariat ab.

Die technischen Entwicklungen eröffneten nun auch den Einsatz von Frauen und Kindern für „leichtere" Arbeiten. Als billige Arbeitskräfte wurden sie in die Produktionsprozesse mit einbezogen. Insbesondere in den Berg- und Hüttenwerken nahm die Kinderarbeit solche Ausmaße an, daß man sich im April 1839 seitens der Regierenden veranlaßt sah, diese per Dekret zu regeln. Für Kinder zwischen dem 9. und 12. Lebensjahr wurde sie auf zehn Stunden täglich begrenzt und für Kinder unter 9 Jahren gänzlich verboten.

Die Reallöhne sanken, und obwohl nun doch zumeist mehrere Familienangehörige einer Lohnarbeit nachgingen, verschlechterte sich die wirtschaftliche Situation der Arbeiterfamilien. Trotz Arbeitszeiten von täglich 12 bis 16 Stunden, Nachtarbeit war ebenfalls nicht ungewöhnlich, lag das Einkommen ganzer Familien nicht selten gerade an der Grenze des Existenzminimums.

Das soziale Elend, als kennzeichnende Begleiterscheinung des frühen Industriekapitalismus, nahm vielerorts unbeschreibliche Ausmaße an)[1]. Immer wieder entlud sich jetzt der Zorn und das Ohnmachtsgefühl der Betroffenen gegenüber ihren Arbeits- und Lebensbedingungen in spontanen Hungerunruhen und gewalttätigen Demonstrationen, die aber allgemein nur regional begrenzt blieben.

Unterstützt von Teilen des liberal gesinnten Bürgertums begannen Fabrikarbeiter und sogenannte Gehilfen damit, sich in sozialen Selbsthilfeorganisationen und Arbeitervereinen zu formieren und mit gesellschaftspolitischen Forderungen an die Öffentlichkeit zu treten. Aus historischer Sicht lag eine wichtige Funktion dieser frühen Arbeitervereine darin, zur Überwindung des Standesdenkens innerhalb der Arbeiterschaft beigetragen und eine breite Solidarisierung gefördert zu haben.

Noch etwa drei Viertel der gewerblichen Arbeiter gehörten dem Handwerk an. Mit Ausnahme der Arbeit in der Schwerindustrie und dem Bergbau wurde die Fabrikarbeit von den Handwerksgesellen mit Geringschätzung angesehen, der Fabrikarbeiter galt als unterwertig. Als A r b e i t e r bezeichnet zu werden, statt als Geselle oder Gehilfe, betrachtete man als Herabsetzung. Der Begriff Arbeiter erhielt erst durch die Arbeitervereine den Ausdruck für ein besonderes Selbstwertgefühl. Über die Selbstbezeichnung A r b e i t e r entwickelte sich ein Zusammengehörigkeitsgefühl, das die einzelnen Berufssparten gleichberechtigt miteinander verband.

Die Begriffe P r o l e t a r i e r und P r o l e t a r i a t , als Kennzeichnung des Arbeiters ohne Eigentum an den Produktionsmitteln, behielten hingegen einen eindeutig negativen Klang unter der Masse der Arbeiterschaft. Lediglich in intellektuellen Reflektionen über das Wirtschaftsystem, wie sie zum Beispiel von *Karl Marx* betrieben wurden, erhielten diese Begriffe zentrale Bedeutung. Die Arbeiterschaft strebte auch nicht danach, Proletariat zu sein, sondern suchte als eigene anerkannte gesellschaftliche Klasse in die bürgerlichen Verhältnisse eingegliedert zu werden.

Dem Ziel einer sozialen Verbesserung der Lebens- und Arbeitsbedingungen trat also der Wunsch nach Einbeziehung in die gesellschaftlichen Entscheidungsprozesse zur Seite. Aus dieser Kombination sozialer und demokratischer Veränderungsziele der Gesellschaft ergaben sich letztlich Wortbindungen mit „ s o z i a l d e m o k r a t i s c h " in den Namen und Programmen der verschiedenen Arbeitervereine.

Vor dem Hintergrund einer gesamteuropäischen Wirtschaftskrise (1846) verschärften sich die sozialen und politischen Spannungen in Deutschland und führten 1847/48 zu weitreichenden revolutionären Unruhen. In fast allen deutschen Staaten wurden Demokratisierungsprozesse eingeleitet und traten neue Verfassungen in Kraft. Mit der Bildung des Deutschen Bundes 1851 fand dann jedoch wieder ein Rückgriff auf die gesellschaftlichen Gegebenheiten statt, wie sie vor 1848 Bestand gehabt hatten.

Erlassene Vereinsgesetze sollten diesen Rückgriff nicht nur machtpolitisch sichern, sondern auch jede weitere freie Entfaltung des politischen Lebens von Seiten der Arbeiterschaft zu unterdrücken helfen. Am 13. Juli 1854 wurden die **„Maßregeln zur Aufrechterhaltung der gesetzlichen Ordnung und Ruhe im Deutschen Bund, insbesondere das Vereinswesen betreffend"** beschlossen. Die seit 1848 bestehende Vereinsfreiheit war nun gesetzlich derart beschränkt, daß auf politischer Ebene, wenn überhaupt, nur noch lokale Organisationen möglich waren und Arbeitervereine sogar gänzlich verboten werden konnten.

Das Gesetz wurde nicht in allen deutschen Bundesländern in gleicher Weise und voller Schärfe gehandhabt, so daß sich auch weiterhin mancherorts Gewerkschaften und Arbeitervereine bilden konnten. Insbesondere um sich die Arbeiterschaft der politischen Agitation zugänglich zu machen und sich ein Unterstützungspotential zu schaffen, nahmen sich jetzt liberale Kreise der Gründung und Führung von Arbeiterbildungsvereinen an, die dann nach 1860 wie Pilze aus dem Boden schossen. Bestanden um 1860 in Deutschland nur etwa 50 Arbeiter- beziehungsweise Arbeiterbildungsvereine, so waren es 1865 bereits weit über 100.
Führende, liberal orientierte, politische Organisationen wie der Nationalverein und die Fortschrittspartei propagierten wohl soziale Verbesserungen für die Arbeiterschaft, eine direkte Mitgliedschaft von Arbeitern in den Organisationen war jedoch weitgehend ausgeschlossen; die Arbeiter sollten sich als „geistige Mitglieder" fühlen. Arbeiter zu sein, wurde zudem von den Liberalen als Fügung Gottes hingestellt.

Durch konsequentes Sparen sollte der Einzelne versuchen, seine soziale Lage, und damit seine Stellung in der Gesellschaft, zu verbessern. Im Sinne dieser Selbsthilfeideologie betrieb *Franz Hermann Schulze-Delitsch*, eine der führenden Persönlichkeiten unter den Liberalen, die Gründung von Konsumgenossenschaften, Kranken-, Invaliden-, Spar- und Hilfskassen.

Ferdinand Lassalle, ein sozialpolitisch und demokratisch engagierter Jurist und Publizist, kritisierte schon frühzeitig diese offensichtliche zwiespältige Haltung der Liberalen gegenüber der Arbeiterschaft. 1862 brach er mit der Fortschrittspartei und wandte sich direkt der Arbeiterbewegung zu. In ihr sah er die wirksamste Triebkraft zu wirklichen sozialen und politischen Reformen im Staate.

Lassalle suchte und erhielt Kontakt zu *Marx*, *Engels* und *Freiligrath*, konnte sich aber deren Interpretation der Arbeiterfrage nicht voll anschließen und versuchte nun, einen eigenen Weg der Arbeiterbewegung zu finden. *Lassalles* Grundüberlegung zur Arbeiterfrage war die, daß die soziale Lage nur mit Unterstützung des Staates zu verbessern sei. Dementsprechend müßte sich der Arbeiterstand als selbständige politische Partei konstituieren und in die gesetzgebenden Gremien gelangen.

Trotz der gesetzlichen Hemmnisse, denen Gewerkschaften und Arbeitervereine unterlagen, unternahm *Ferdinand Lassalle* den Versuch, die nach 1851 erlahmte deutsche Arbeiterbewegung neu zu beleben, in einer großen eigenständigen politischen Partei zu formieren und von dem Einfluß des liberalen Bürgertums zu trennen. Unter seiner Führung und im Beisein einiger hundert Arbeiter wurde am 23. Mai 1863 in Leipzig der **Allgemeine Deutsche Arbeiterverein (ADAV)** gegründet.

§ 1 der Vereinsstatuten lautete:
Unter dem Namen »Allgemeiner Deutscher Arbeiterverein« begründen die Unterzeichneten für die deutschen Bundesstaaten einen Verein, welcher, von der Überzeugung ausgehend, daß nur durch das allgemeine, gleiche und direkte Wahlrecht eine genügende Vertretung der sozialen Interessen des deutschen Arbeiterstandes und eine wahrhafte Beseitigung der Klassengegensätze in der Gesellschaft herbeigeführt werden kann, den Zweck verfolgt, auf friedlichem und legalem Wege, insbesondere durch das Gewinnen der öffentlichen Überzeugung, für die Herstellung des allgemeinen, gleichen und direkten Wahlrechts zu wirken.

Die Resonanz auf den neuen Arbeiterverein fiel zunächst recht bescheiden aus. Bis 1864 verfügte der Verein nur über rund 4600 Mitglieder. Es gelang *Lassalle* aber schließlich, seinen Hauptkonkurrenten *Schulze-Delitsch* im Kampf um die Sympatien der Arbeiter zunehmend auszustechen. Aber gerade als der Verein begann, sich als Arbeitervertretung eine breitere Basis zu sichern, verstarb *Ferdinand Lassalle* am 31. August 1864, erst 39jährig, nach einem Duell.

In den folgenden Jahren war das Erscheinungsbild des ADAV geprägt von einem wahren Kult um die Gründerpersönlichkeit und daraus erwachsenen Zänkereien. Häufige Wechsel im Präsidentenamt (1864 *Becker*, 1865 *Tölcke*, 1866 *Perl*, 1867 *v. Schweitzer*) und Parteiabsplitterungen (Gruppe Hatzfeld-Mende, Gruppe Tauscher, SDAP waren die Folge.

II. Wolfenbüttel

Als Residenz des Welfischen Fürstenhauses hatte Wolfenbüttel viele Jahrzehnte im Mittelpunkt des gesellschaftlichen Interesses gestanden. Fast ausschließlich auf die höfischen Belange zugeschnitten, blühten Handel und Wandel in der Stadt. Bedeutende Persönlichkeiten aus Wissenschaft, Architektur, Kunst und so weiter konnten in dieser Zeit als Besucher oder Einwohner verzeichnet werden. Dies alles änderte sich nahezu schlagartig, als die Welfen ihre Residenz 1753/54 nach Braunschweig verlegten.

Lediglich der Verbleib der herzoglichen Bibliothek, des fürstlichen Hauptarchivs, des Konsistoriums, des Militärs, einiger pädagogischer Anstalten und einiger Verwaltungs- und Gerichtsbehörden bewahrten Wolfenbüttel vor der gänzlichen gesellschaftlichen und wirtschaftlichen Bedeutungslosigkeit.

Viele Handwerker, Kaufleute und im Umfeld des Hofes Dienende sahen sich ihrer bisherigen Existenzgrundlage beraubt. Die Stadt verfiel in Armut. 1828 wurden 496 Arme registriert. Dies waren Menschen, die nach einer amtlichen Tabelle festgestellt, auch nicht das Notwendigste für ihren Lebensunterhalt selbst aufbringen konnten. Viele Betroffene suchten sich der drohenden Verarmung durch den Wegzug zu entziehen. 1780 beherbergte Wolfenbüttel nur noch 5972 Seelen.

„In dem traurigen Wolfenbüttel herrscht Todenstille, Gras wächst auf dem ungeheuren Markte, wie in den Straßen, ... und ohne die Bibliothek ... kämen wohl schwerlich Reisende nach der verlassenen Stadt ...")[1], notierte der Schriftsteller *Karl Julius Weber* 1828 nach einem Besuch.

Erst ganz allmählich und bescheiden erholte sich das Wirtschaftsleben. Gegen 1850 hatte sich die Bevölkerungszahl wieder der 8000 genähert)[2]. Jedoch noch zur Hochblüte der Industrialisierung in Deutschland vermittelte Wolfenbüttel eher den Eindruck eines verkümmerten Ackerbürgerstädtchens.

Die Gärtner stellten denn auch zur Mitte des 19. Jahrhunderts in Wolfenbüttel 8 % der Steuerpflichtigen Einwohner und brachten rund 4 % am jährlichen Gesamteinkommen in der Stadt zusammen. Die Einwohnergruppe mit dem weitaus größten Einfluß waren die freiberuflich Tätigen (Rechtsanwälte, Bankiers, ...) und die Beamten. Ihr Anteil an der steuerpflichtigen Bevölkerung lag bei über 50 %, ihr Anteil am Gesamteinkommen lag sogar bei gut 60 %. Noch relativ unbedeutend war die Gruppe der Fabrikanten. Ihr Gesamteinkommensanteil betrug nur knapp 2 %, verteilt auf nicht einmal 1 % der gesamten Steuerpflichtigen. Das Handwerk, mit Meistern und Gesellen, stellte 30 % der Steuerpflichtigen, brachte im Verhältnis dazu aber nur magere 16 % am Gesamteinkommen zusammen. Diese Zahlen)[3] sind aber insgesamt wenig aussagekräftig in Bezug auf die Einkommensverhältnisse der einzelnen Einwohner Wolfenbüttels.

Zu den Großverdienern zählten zweifelsohne auch schon um 1850 die wenigen in der Stadt ansässigen Fabrikanten. Ihr Einkommen lag bei rund 650 Talern im Jahr. Dies entsprach einem Naturalienwert von etwa 9500 kg Roggen. Das jährliche Einkommen eines Handwerksmeisters betrug im

Schnitt 225 Taler, das waren ungefähr 3300 kg Roggen an Naturalienwert. Das Einkommen eines Gesellen lag unter 100 Talern im Jahr, also weniger als 1500 kg Roggen. Geht man davon aus, daß ein Geselle eine 4- bis 5köpfige Familie hatte und rechnet man als erforderliche laufende Ausgaben für Miete, Kleidung usw. ein Drittel vom Realeinkommen ab, so blieben für jedes Familienmitglied nur etwa ein halbes Kilogramm Roggen als Nahrung, das sind nicht einmal 2000 Kalorien.

Aber noch in den Einkommensverhältnissen der Handwerker gab es Abstufungen)[4]. Über den genannten Durchschnittswerten der Handwerker lagen zum Beispiel die Gerber, Maurer und Bäcker. Die Schneider, Schuhmacher, Tischler und Maler hingegen lagen zum Teil deutlich unter den durchschnittlichen Einkommenswerten.

Zu den ärmsten Bevölkerungsschichten zählten die Tagelöhner und Landarbeiter. Sie konnten unter günstigen Bedingungen zwischen 60 und 80 Taler im Jahr verdienen. Über die finanziellen Verhältnisse dieser Gruppe unter den Einwohnern Wolfenbüttels können insgesamt nur wenige Aussagen vorgenommen werden, da man erst Personen ab einem jährlichen Einkommen von 75 Taler in die Gemeindestatistiken aufnahm und ab 80 Taler zur Zahlung von Kommunalsteuern heranzog. Die offiziellen Einwohner- und Einkommenszahlen)[5] lassen aber zumindest den Schluß zu, daß eine beachtliche Zahl Wolfenbütteler Bürger und Familien mit weniger als 75 Taler im Jahr auskommen mußte.

Katastrophal waren insbesondere für die ärmere Bevölkerung die Wohn- und Hygieneverhältnisse)[6]. Bereits traditionell von den ärmeren Bevölkerungsschichten wurde das Stadtgebiet um die Enge Straße, Karlstraße, Harzstraße, Bruch)[7], Fischerstraße, Okerstraße und die Reichenstraße)[8] bewohnt. Nicht selten zu viert und mehr hausten hier die Familien in Räumen von 4 bis 10 m^2 Wohnfläche. Die Küchen, soweit es überhaupt welche gab, empfingen zumeist nur indirektes Licht. Oftmals hatten sich die Leute Kochstellen im Treppenbereich der Wohnhäuser eingerichtet. Als Miete waren für den Quadratmeter Wohnfläche 3 bis 4 Taler jährlich zu entrichten. Viele Familien von Tagelöhnern und Landarbeitern hatten nur Barackenbauten als Unterkunft.

Das tägliche Trinkwasser mußte aus öffentlichen Brunnenanlagen herangeschafft werden. Mangels einer Kanalisation und Abortgruben durchzogen besonders in den Sommermonaten übel stinkende Jauchebäche die engen Straßen Wolfenbüttels. Einmal im Jahr, im Sommer, gab es in der Stadt den im Volksmund bezeichneten „Geburtstag". Mit dieser Umschreibung war das Ausheben der vorhandenen Abortgruben und das Reinigen der Okerläufe vom Klärschlamm gemeint. Bevor jedoch die Arbeiterkolonnen die angesammelten Kot- und Schlammberge abtransportieren konnten, lagen sie noch für Tage zum Austrocknen auf den Straßen.

Ein allgemein schlechter Gesundheitszustand und eine hohe Sterblichkeitsrate unter der Bevölkerung war die unausbleibliche Folge. Schwindsucht und Seuchen fanden immer wieder reichlich Opfer. Wie ein Wunder muß es da erscheinen, daß Wolfenbüttel von der großen Cholera-Epidemie, die Deutschland um 1831 überzog, verschont blieb. Bei den Epidemiewellen zwischen 1848 und 1850 gab es aber auch hier viele Opfer. Allein 1850 zählte man bis zum 13. September 495 Cholera-Tote, und bei der Epidemie im Jahre 1855 starben von 305 gemeldeten Erkrankten 126)[9].

Besonders die Ärzte, die die Lebensbedingungen der Arbeiterfamilien zur Genüge kannten, forderten immer wieder eindringlich die Verbesserung der Wohnsituation und der hygienischen Verhältnisse)[10]. Zwar wurden von der Bürgerverwaltung umfangreiche Hygienevorschriften erlassen, an den eigentlichen Ursachen, den Arbeitsplatzverhältnissen, der medizinischen Versorgung und der Wohnsituation veränderte sich jedoch insgesamt wenig. Noch im August 1865 stellte der Stadtmagistrat fest:

> ... Wir sind, wie dies bereits in letzter Sitzung Löblicher Stadtverordneten-Versammlung von unserem Deputierten hervorgehoben ist, der Ansicht, daß hier in Wolfenbüttel Mangel an guten und gesunden Wohnungen für die Arbeiterclasse ist, und daß die Preise für dergleichen Wohnungen zu hoch sind. Wir halten deshalb dafür, daß eine Vermehrung von Wohnungen, insbesondere für die arbeitenden Classen im Interesse nicht nur der Letzteren, sondern des städtischen Gemeinwesens überhaupt liege, weil die Wohnung die Grundlage des Familienlebens bildet, und die Beschaffenheit der Wohnung ihren unabweislichen Einfluß ausübt auf die Beschaffenheit des Familienlebens, auf die Gesundheit, die Häuslichkeit, den Fleiß, die Sittlichkeit und den Wohlstand der Bewohner ...)[11]

Eine Arbeitszeit von 12 bis 14 Stunden täglich war üblich. In den Handwerksbetrieben wurde diese Zeit sogar noch überschritten, und wer in Handelsgeschäften arbeitete, hatte selbst am Sonntag bis 22.00 Uhr seinen Dienst zu versehen. Den Typ des Fabrikarbeiters gab es in Wolfenbüttel vor 1860 noch kaum. Es dominierten Handwerksgesellen, die zumeist nach Meisterehren strebten, und Tagelöhner, die zum Teil in festen Stellungen und zum Teil als Gelegenheitsarbeiter in den zahlreichen Gärtnereien, den Ladengeschäften und den Mühlen- und Handwerksbetrieben ihrem Broterwerb nachgingen. Industriell geführte Unternehmen waren lediglich die seit 1822 bestehende Minte'sche Tuchfabrik an der Langen Herzogstraße)[12] mit durchschnittlich 40 Beschäftigten und die 1846 gegründete Eisengießerei und Maschinenfabrik von Lutter & Peters am Schulwall)[13] mit bis 100 Beschäftigten. Die Zigarrenfabrik von Stamm und Dosse, am Bruch gelegen)[14] und ebenfalls vor 1860 gegründet, hatte etwa 40 Beschäftigte.

Die Luttersche Maschinenfabrik; Steinzeichnung um 1860
Qu.: Ns. St. A. Wlfb., 50 Slg. 1013 Nr. 6

Das Bild der Arbeitswelt in Wolfenbüttel änderte sich erst nach 1860 entscheidend in Richtung industrieller Produktionen, als noch weitere Industrieansiedlungen erfolgten und einige größere Handwerksbetriebe zu entsprechenden Produktionsverfahren übergingen. Als Industrieneugründungen von Bedeutung sind dabei die Kupferwarenfabrik Zickerick (1863) am Harzthor)[15] mit 100 bis 140 Arbeitern zu nennen, weiter die Beyer'sche Leinen- und Drellfabrik am Bahnhof)[16] mit rund 50 Arbeitern und 20 Näherinnen, sowie die Filiale der Ravensberger Spinnerei (1864) an der Hauptstraße)[17], die durchschnittlich 380 Arbeiter beiderlei Geschlechts beschäftigte.

Mit der nun auch in Wolfenbüttel deutlich spürbaren Industrialisierung kletterte die Bevölkerungszahl zusehends und hatte 1868 die 10 000 überschritten. Das Stadtbild erfuhr etliche bauliche Veränderungen. Selbst abgelegene Straßenzüge wurden jetzt gepflastert, und nachdem man 1861 eine Gasfabrik installiert hatte, wurden Zug um Zug Wohnungen mit Gasanschluß ausgestattet und im Kernstadtbereich Straßenlampen aufgestellt. Vor dem Gotteslager, der heutigen Juliusstadt, entstand ein Wohnviertel von Handwerkern und Viehhändlern. Vor dem Augustthor, der heutigen Auguststadt, wuchs ein neues Arbeiterwohnviertel.

Die Stadtverwaltung lag ab etwa 1830 in den Händen von zwei Gremien. Einmal war es die Stadtverordnetenversammlung, die sich aus 18 gewählten Bürgervertretern zusammensetzte, zum anderen ein aus drei Personen bestehender Magistrat. Entsprechend einer für das Land Braunschweig gültigen Städteordnung)[18] stellte der Stadtmagistrat die Obrigkeit der

Stadt dar. Er hatte unter anderem die Aufgabe, das städtische Vermögen zu verwalten, Haushaltspläne zu entwerfen, Baumaßnahmen durchführen und kontrollieren zu lassen und die Tätigkeiten der Gemeindebediensteten zu überwachen.

Während zwei Magistratsmitglieder von der Bürgerschaft der Stadt für jeweils sechs Jahre in einer Wahl bestimmt wurden und ihre Arbeit ehrenamtlich versahen, handelte es sich bei dem Magistratsvorsitzenden um eine besoldete Funktionsstelle. Nach der Städteordnung sollte der Magistratsvorsitzende ein Bürgermeister sein, der von der Bürgerschaft zu wählen war und aus der Stadtkasse bezahlt wurde; nicht jedoch so in Wolfenbüttel ! Hier nahm auf Wunsch der Stadtväter den Magistratsvorsitz ein besoldeter Staatsbeamter ein. Diese Situation eines ,,von Herzogs Gnaden" ernannten Stadtdirektors bedeutete natürlich erhebliche Einschränkungen in dem zustehenden Selbstbestimmungsrecht der Bürger)[19]. Dennoch konnte man sich in Wolfenbüttel erst 1917 dazu entschließen, sich als Stadtoberhaupt einen Bürgermeister zu wählen.

Vom 1. Januar 1833 bis zu seinem Tode am 25. Mai 1855 führte *Johann Heinrich Friedrich Ludwig Kubel* den Magistratsvorsitz. Er war ein recht umstrittener Stadtdirektor. Immer wieder rief er durch die schleppende Bearbeitung von Bürgergesuchen Unmut hervor und machte auch einige Male durch vorschnell eingeleitete Maßregelungen und Verhaftungen von sich reden)[20]. Nachfolger Kubels wurde Ende 1855 der Kreisassessor *Wilhelm Baumgarten*. Er führte das Amt, offensichtlich mit breiterer Zustimmung aus der Bürgerschaft, 32 Jahre lang)[21].

Die Stadtverordnetenversammlung repräsentierte, nach drei Einkommens- bzw. Steuerklassen geteilt, die Einwohner Wolfenbüttels. Jede Klasse war durch sechs Vertreter an dem Gremium beteiligt. Sie hatten gemäß der Städteordnung die Aufgabe, sich um das Gemeindewesen zu kümmern. Dahinter verbarg sich zum Beispiel die Entwicklung von Vorschlägen zur Verbesserung der Infrastruktur der Stadt, die Beratung über Einstellungen und Entlassungen von Gemeindebediensteten, die Festsetzung der Steuersätze und die Sorge um die Wohlfahrt in der Stadt)[22].

Die Amtszeit jedes Stadtverordneten ging über sechs Jahre. Alle zwei Jahre schieden aus jeder der drei Steuerklassen zwei Vertreter aus der Stadtverordnetenversammlung aus. Über die Neubesetzung der Ämter entschieden die Bürger Wolfenbüttels in allgemeinen und gleichen Wahlen.

Diese Wahlen waren aber alles andere als allgemein und gleich. Eine Ungleichheit lag allein schon in der Drei-Klassen-Einteilung der Kandidaten und Wählerschaft. Nach dem geltenden Wahlrecht waren nämlich die Bürger nach ihrer Steuerlast so in drei Klassen aufzuteilen, daß auf jede der Klassen jeweils ein Drittel des Gesamtsteueraufkommens entfiel. Die we-

Der Wolfenbütteler Stadtmarkt; Fotografie um 1880
Qu.: Ns. St. A. Wlfb., 50 Slg. 100 Nr. 12

Wolfenbüttel von Südwesten; Fotografie um 1860
Qu.: Ns. St. A. Wlfb., 50 Slg. 78 Nr. 9

nigen Bürger der höchstbesteuerten ersten Klasse hatten also genauso viel Einfluß auf die Zusammensetzung der Stadtverordnetenversammlung, wie die um ein Vieles größere Gruppe der dritten Steuerklasse.

Weiter war das Wahlrecht so ausgelegt, daß die Wahlen nicht im mindesten die Bezeichnung „allgemein" verdienten. Wahlberechtigt waren nur die männlichen Einwohner Wolfenbüttels, die das 25. Lebensjahr erreicht hatten und die sich B ü r g e r der Stadt nennen durften. Das Bürgerrecht zu erwerben, war wiederum mit allerlei Auflagen und Kosten verbunden)[23]. In letzter Konsequenz hatte somit nur ein geringer Teil der Bevölkerung – im Schnitt knapp 8 % – überhaupt das Recht, an den Wahlen teilzunehmen.

Staatsbeamte, Rechtsanwälte, Ärzte, Lehrer, Gärtner, Kaufleute und gutsituierte Handwerksmeister bestimmten die Geschicke der Stadt. Parteiinteressen spielten unter den kommunalen Vertretern keine Rolle. Bei anstehenden Wahlen einigte man sich zumeist schon vorher über die Kandidaten in den drei Steuer- bzw. Wählerklassen und die Verteilung der Aufgaben in der Bürgervertretung. Einige Male ist es in diesem Zusammenhang vorgekommen, daß Bürger der ersten oder zweiten Steuerklasse als Kandidaten für die zweite oder dritte Klasse ausgeguckt und von der Bürgerschaft gewählt wurden. Wesentliche Vorentscheidungen in städtischen Angelegenheiten fielen nicht selten bei Stammtischrunden, an denen die Bürgervertreter beteiligt waren. Ein sich im August 1831 konstituierter Bürgerverein)[24] hatte sich zur Aufgabe gestellt, die Stadtverordneten und den Stadtmagistrat zu beraten. Mitglieder in diesem Verein waren aber wiederum nur Personen aus dem Bürgertum, also aus jenen Gesellschaftskreisen, die ohnehin die „Machtpositionen" in der Stadt inne hatten.

Zu einem weiteren nicht zu unterschätzenden Machtfaktor für die Bürgerlichen zählte die Bürgerwehr. Seit dem September 1830 gab es diese Institution zur Aufrechterhaltung von Ruhe und Ordnung. Nur wenn aus den bürgerlichen Kreisen nicht genügend Gardisten rekruiert werden konnten, fand auch einmal ein Arbeiter den Weg in die Bürgerwehr, Waffen erhielt der aber nicht ausgehändigt)[25].

Die sozial schwach gestellte, aber die Mehrheit bildende Bevölkerungsgruppe der Arbeiter, Handwerker, Landarbeiter und Tagelöhner stand hilflos vor diesen Gegebenheiten der Machtverteilung !

Fabrik-Ordnung.

§. 1.

Jeder in die Fabrik aufgenommene Arbeiter verpflichtet sich bei seinem Eintritte den Bestimmungen dieser Fabrik-Ordnung in allen Punkten Folge zu leisten, und der von der Filiale der Ravensberger Spinnerei errichteten Kranken-Kasse beizutreten.

§. 2.

Nach einer Probezeit von 8 Tagen sind beide Theile, die Fabrik-Verwaltung und der Arbeiter, zu einer gegenseitigen Kündigung von 8 Wochen verpflichtet, wenn nicht durch besondere Uebereinkunft andere Bestimmungen getroffen sind, oder ein Vergehen gegen den §. 16. vorliegt.

§. 3.

Die Kündigung kann nur am Lohntage im Comptoire gemacht werden, wird daselbst in ein dazu bestimmtes Buch eingetragen und dem Arbeiter über die geschehene Kündigung eine von der Fabrikverwaltung unterzeichnete Bescheinigung ertheilt.

§. 4.

Die Arbeit beginnt an jedem Tage, außer den Sonntagen und den gesetzlichen Feiertagen, des Sommers früh 5½ Uhr, des Winters früh 6 Uhr und dauert, mit Ausnahme von ½ Stunde Frühstückszeit, und 1 Stunde Mittagsruhe, im Sommer bis Abends 7 Uhr, im Winter bis Abends 7½ Uhr, also volle 12 Stunden. Außerdem unterzieht sich jeder Arbeiter bei vorkommender Reparatur der Betriebswerke ꝛc. auch nöthigenfalls der Nachtarbeit, wobei jedoch die Einrichtung getroffen werden soll, daß dessenungeachtet einem Jeden die nöthige Ruhe und Erholung unentzogen bleibt.

§. 5.

Der jedesmalige Beginn der Arbeit wird durch das Läuten einer Glocke angezeigt, in der Art, daß ½ Stunde vor Beginn zum ersten Male und 20 Minuten später zum zweiten Male angeschlagen wird; nach dem Frühstück und nach der Mittagszeit wird wieder 10 Minuten vor dem Anfange geläutet und es müssen 5 Minuten später sämmtliche Personen bei ihrer Arbeit stehen.

§. 6.

Sämmtliche Personen dürfen nur auf den schon bestehenden Wegen kommen und gehen, keine Nebenwege bahnen und am wenigsten durch die Fenster der Säle ein- und aussteigen.

§. 7.

Kein Arbeiter darf den ihm angewiesenen Posten ohne Erlaubniß verlassen, oder vertauschen, oder sich aus dem Arbeitssaale vor dem zur Zeit des Aufhörens der Arbeit (§. 4.) gegebenen Zeichen entfernen. Muß aber ein Arbeiter wegen eintretenden, plötzlichen Unwohlseins oder wegen sonstiger dringender Umstände die Arbeit verlassen, so erhält er von dem betreffenden Aufseher einen Ausgangszettel, welcher dem Portier vorzuzeigen ist.

§. 8.

Jede bei Maschinen angestellte Person erhält die zu deren Bedienung nöthigen Werkzeuge und Geräthschaften. Für die gute Erhaltung der letzteren, sowie der Maschine selbst, ist jeder Arbeiter verantwortlich. Unbrauchbar gewordene Stücke hat er gegen neue umzutauschen und für verlorene Schadenersatz zu leisten.

§. 9.

Der Meister, oder die dazu beauftragten Personen, sollen allein die zu reparirenden Maschinen und Getriebe wieder in Ordnung bringen und es ist dem Arbeiter strenge untersagt, auch nur die geringste Reparatur selbst vorzunehmen. Ebenso darf außer den hierfür bestimmten Personen Niemand Licht anzünden, oder auslöschen, die Heizung reguliren, die Dampfröhren, Betriebswellen, oder Räder berühren, noch Fenster öffnen oder schließen. Ueberhaupt muß Jeder auf Feuer und Licht sorgsam achten und jede Gefahr zu vermeiden bestrebt sein.

§. 10.

Das Tabakrauchen und der Genuß geistiger Getränke, überlautes Singen und Schreien, sowie Zänkerei, Streit und besonders jede Unsittlichkeit in der Fabrik und ihrer Umgebung ist verboten. Beschwerden gegen einander, oder gegen die Aufsichtspersonen sind von den Arbeitern bei dem Vorstande anzubringen, welcher sie in Güte beizulegen suchen, oder, dieser Fabrik-Ordnung gemäß, gerecht entscheiden wird.

§. 11.

Es ist verboten, das Innere der Fabriklokale sowohl, als den Hof und dessen Umgebung auf irgend eine Weise zu verunreinigen. Auch müssen die Abtritte immer rein gehalten werden, worüber die Aufseher zu wachen haben. Diejenigen Arbeiter, welche überwiesen werden, die Abtritte verunreinigt, oder bei deren Besuch Spinnerei-Abfälle benutzt zu haben, zahlen an die mit der Reinhaltung beauftragte Person 5 Groschen Strafe.

§. 12.

So lange Jemand bei der Fabrik beschäftigt ist, hat er strenge Verschwiegenheit über dieselbe zu beobachten, er darf daher über die Fabrikation weder mündliche, noch schriftliche Mittheilungen machen, auch unter keinen Umständen irgend Jemand in die Fabrik einführen, welcher darin nicht beschäftigt ist.

§. 13.

Während der Arbeitzeit sind sämmtliche in der Fabrik beschäftigten Personen der Fabrik-Verwaltung, deren Stellvertretern und Aufsehern unbedingten Gehorsam und besonders die Anzeige alles dessen schuldig, was sie als der guten Ordnung und dem Nutzen der Fabrik nachtheilig in Erfahrung bringen. Ein Jeder muß Fleiß mit Treue, Reinlichkeit und Ordnung verbinden, und zur Vermeidung von eigenem Unglück, seine ganze Aufmerksamkeit auf die ihm angewiesene Arbeit richten.

§. 14.

Arbeitern, auf denen der Verdacht einer Veruntreuung lastet, haben sich auf Verlangen der Fabrik-Verwaltung ohne Widerrede einer Untersuchung zu unterwerfen, welche bei Arbeiterinnen nur durch andere Frauenzimmer vorgenommen werden darf.

§. 15.

Arbeiter, welche zu spät in die Arbeit kommen, oder wiederholt ohne Erlaubniß von der Arbeit wegbleiben, wird eine Strafe von dem vierfachen Werthe der Zeit ihres Ausbleibens auferlegt. Die geringste Strafe ist der Lohn für ¼ Tag.

§. 16.

Würde ein Arbeiter diesen Vorschriften entgegen handeln, so steht es der Verwaltung zu, einem solchen je nach ihrem Ermessen eine Geldstrafe von 1 Groschen bis 5 Groschen und, bei fortgesetztem Zuwiderhandeln selbst bis zu 1 Thaler aufzuerlegen, vorbehältlich jedoch der Bestimmungen im §. 15, auch denselben im Wiederholungsfalle ohne irgend eine Entschädigung sofort zu entlassen. Im Uebrigen wird auf §§. 70 und 71 des Gewerbe-Gesetzes verwiesen.

§. 17.

Die von der Fabrik-Verwaltung angeordneten Geldstrafen werden besonders berechnet und nur allein zur Unterstützung erkrankter oder invalider Arbeiter verwendet.

§. 18.

In Krankheitsfällen wird den sämmtlichen in der Fabrik beschäftigten Personen, außer den Tagelöhnern, in Stelle der fortfallenden Löhnung eine wöchentliche Unterstützung aus der Krankenkasse nach Maßgabe der über dieselbe festgesetzten Krankenkassenordnung verabreicht; auch dem Kranken noch außerdem freie ärztliche Hülfe und freie Arznei bewilligt. Diejenigen Personen, welche sich in Folge von Trunksucht oder Unreinlichkeit eine Krankheit zuziehen, haben auf eine Unterstützung nicht zu rechnen.

§. 19.

Die Auszahlung des Lohnes erfolgt alle 14 Tage aus der Fabrik-Kasse, jedoch erst am Ende der dritten Woche, also dann, wenn bereits ein neuer Wochenlohn verdient ist. Alle Ansprüche, welche Arbeiter auf rückständigen, oder zu wenig erhaltenen Lohn zu haben glauben, müssen sofort bei der Fabrik-Verwaltung angemeldet werden. Geschieht dieses nicht: so können nach 4 Wochen Einwendungen gegen die Richtigkeit der Lohnberechnung nicht mehr geltend gemacht werden.

§. 20.

Diese Fabrik-Ordnung wird in allen Arbeitssälen angeschlagen, so daß sich Niemand mit Unkenntniß derselben entschuldigen kann. Sollte einer dieser Anschlagzettel absichtlich zerrissen oder beschmutzt werden, so soll der Thäter, oder wenn derselbe nicht ermittelt werden kann, der ganze Saal 2 Thaler Strafe bezahlen.

§. 21.

Wie die sämmtlichen Arbeiter auf eine anständige, gute und gerechte Behandlung Seitens der Fabrik-Verwaltung rechnen können, so erwartet dieselbe auch von den Arbeitern ein gesittetes und rechtliches Verhalten.

Wolfenbüttel, den 20. August 1865.

Direction der Ravensberger Spinnerei.
Kaselowsky. Faulenbach.

Filiale der Ravensberger Spinnerei.
J. Falk. Vanderhaegen.

Die vorstehende Fabrikordnung für die Filiale der Ravensberger Spinnerei hieselbst wird nachdem darüber die Stadtbehörde gehört und dieselbe den betreffenden gesetzlichen Bestimmungen entsprechend befunden worden ist, hierdurch genehmigt.

Wolfenbüttel, den 19. December 1865.

Herzogliche Kreisdirection.
H. R. Cleve.

Fabrikordnung der Ravensberger Spinnerei aus dem Jahre 1865
Qu.: Ns. St. A. Wlfb., 34 N Fb. 1 Nr. XV

Fabrik=Ordnung.

Zur Aufrechterhaltung der Ordnung, ohne welche keine Fabrik bestehen kann, haben wir unter heutigem Dato nachfolgende Regeln für die Arbeiter unserer Fabrik festgestellt und übernimmt Jeder beim Eintritt in dieselbe stillschweigend die Verpflichtung sich diesen Bestimmungen zu unterwerfen.

§ 1.

Die Arbeitszeit beginnt im Sommer Morgens 7 Uhr, im Winter 7½ Uhr und währt bis 12 Uhr Mittags, Nachmittags von 1 bis 7 Uhr, und muß jeder Arbeiter während dieser Zeit auf der Fabrik anwesend sein. Sollte es nothwendig werden, hierin eine Abänderung zu treffen, so hat jeder Arbeiter sich darin zu fügen.

§ 2.

Ohne besondere Erlaubniß darf kein Arbeiter die Fabrik verlassen, ebenso wie auch das Ausschicken der Lehrlinge gänzlich unterbleiben muß. In Ausnahmefällen ist dazu die Erlaubniß vom Comptoir einzuholen.

§ 3.

Keinem Arbeiter ist es gestattet, Branntwein oder sonstige geistige Getränke während der Arbeitszeit zu genießen.

§ 4.

Alles Lärmen und Toben in der Fabrik, so wie Streitigkeiten sind verboten. Sollten Arbeiter unter sich uneinig werden, so ist die Sache uns zur Schlichtung vorzutragen und muß es bei unserer Entscheidung sein Bewenden haben.

§ 5.

Jede Verunreinigung der Fabrik-Locale, besonders auch durch mitgebrachte Eßwaaren, ist verboten.

§ 6.

Jeder Arbeiter hat dafür zu sorgen, daß Mittags und Abends sein Platz gehörig gereinigt, und der Taback an Ort und Stelle gebracht wird.

§ 7.

Jeder Roller ist für seinen Wickelmacher und dessen Arbeit verantwortlich. Beschwerden gegen dieselben sind uns sofort mitzutheilen.

§ 8.

Ordentlicher Gesang ist gestattet, dagegen das Singen anstößiger oder gar unsittlicher Lieder auf's Strengste verboten.

§ 9.

Dem von uns bestellten Aufseher oder Werkmeister hat jeder Arbeiter unweigerlich Folge zu leisten, und im Fall daß Jemand glaubt, daß ihm Unrecht geschehen, so hat derselbe sich an uns zu wenden.

§ 10.

So wie wir erwarten, daß jeder Arbeiter diesen Bestimmungen gern nachkommen wird, so hoffen wir auch, daß alle Arbeiter sich befleißigen werden, auch außer der Arbeitszeit ein gesittetes Betragen zu beobachten.

§ 11.

Falls nicht sonstige Verabredungen getroffen, so können sowohl Arbeiter als auch wir, nur Montags kündigen, wonach der betreffende Arbeiter Sonnabends aufhört, vorausgesetzt, daß derselbe seinen Taback ordnungsgemäß verarbeitet hat.

§ 12.

Wer gegen diese Verordnungen handelt, zahlt für jeden einzelnen Fall 2½ Sgr. Strafe, welche am nächsten Zahltage ohne Weiteres am Lohne gekürzt werden.

§ 13.

Beschmutzung oder Beschädigung dieser Verordnung wird mit 2½ Sgr. geahndet, und ist außerdem für ein neues Exemplar zu zahlen.

§ 14.

Alle Strafgelder fallen der Arbeiterkrankenkasse anheim. Außerdem hat jeder Arbeiter einen durch seine Schuld entstandenen Schaden zu vergüten.

Wolfenbüttel, 6. October 1859.

Dosse & Comp.

Fabrikordnung der Zigarrenfabrik Dosse aus dem Jahre 1859
Qu.: Ns. St. A. Wlfb., 34 N Fb. 1 Nr. XV

III. Die Anfänge einer Arbeiterbewegung in Wolfenbüttel

Ein erstes Zeugnis der aufkommenden Arbeiterbewegung im Zusammenhang mit Wolfenbüttel stellt wohl ein Schreiben vom Sommer 1840 aus Paris dar. Französische und deutsche Schneidergesellen, unter ihnen ein *Carl Winter* aus „Wolfenbötel", richten darin an ihre „Braunschweiger Collegen" die Bitte, sie in ihrem Kampf gegen die Einführung von Arbeitsbüchern für die wandernden Handwerksgesellen und das Eintreten für Arbeiterrechte solidarisch zu unterstützen)[1].

Im Zuge der sozialen Krise 1847/48 kam es auch im Herzogtum Braunschweig zu Unruhen, mit zum Teil gewalttätigen Ausmaßen. In Braunschweig selbst wurden zum Beispiel bei einer Arbeiterrevolte mehrere große Baumaschinen zerstört; am Elm zogen Ende April 1847 etwa 40 Notleidende aus Schöningen auf die Felder und plünderten die Kartoffelvorräte der Domänen)[2]. Aus Ärger über zu hohe Preise für Butter, Eier und andere Lebensmittel rissen in Wolfenbüttel an einem Markttage aufgebrachte Frauen die Stände und Körbe der Händler um und zertraten die umherliegenden Waren. Nur mit Hilfe der Bürgerwehr gelang es dem Marktmeister schließlich, wieder Ruhe herzustellen)[3]. Diese sogenannte Butterrevolution verlief noch relativ ruhig und hatte kein gerichtliches Nachspiel. Im Frühjahr 1848 kam es aber in Wolfenbüttel zu Ereignissen mit ganz anderen Dimensionen.

Am Abend des 17. März rotteten sich Arbeitslose und Notleidende aus der Stadt auf dem Stadtmarkt zusammen. Vor dem Rathaus forderten sie lautstark die Beschaffung von Erwerbstätigkeiten für sich. Nach dem Versprechen des Stadtdirektors, sich um die Angelegenheit zu kümmern, löste sich die Protestversammlung bald wieder auf. Zur Bekräftigung der Forderungen erschienen am 18. März bei der Wolfenbütteler Polizeidirektion im Auftrage ihrer Kollegen noch die Maurergesellen *Hogrefe* und *Bötel* und die Arbeitsleute *Meyer* und *Rudolph* und brachten einige Beschwerden vor. Sie sprachen die schlechte Arbeitsmarktlage an und beschwerten sich insbesondere darüber, daß für etliche Arbeiten Insassen der Strafanstalt eingesetzt würden und noch immer neue Fremd- und Wanderarbeiter beschäftigt werden dürften, obwohl eine große Anzahl Ortsansässiger dringend nach Lohnarbeit suche)[4].

Nachdem es an diesem Tage allgemein ruhig in der Stadt geblieben war, eskalierten am 19. März die Ereignisse. Zunächst einmal fand sich am Abend wieder eine größere Menschenmenge vor dem Rathaus zusammen. Diesmal forderten sie von dem Stadtdirektor die Einlösung seines Versprechens, sich um Arbeit für die Leute zu bemühen. Als die Protestrufe scheinbar ungehört blieben, zogen einige der Protestler aufgebracht durch die Stadt. Auf dem Kornmarkt trafen sie mit dem Stationskommandanten der Polizei, *Thielecke*, zusammen. *Thielecke* war gleichzeitig Stadtverordneter und gehörte in dieser Eigenschaft einer Kommission an, die sich mit den Problemen der Arbeitslage in Wolfenbüttel zu beschäftigen hatte. Der Arbeitertrupp wollte den für ihre Belange zuständigen Mann zur Rede stellen und umringte *Thielecke*. Dieser sah sich bedroht und zog seinen Säbel. Zwischen den Kontrahenten entbrannte ein heftiger Streit, in dessen Folge *Thielecke* so schwere Stockschläge und Fußtritte davontrug, daß er für mehrere Tage dienstunfähig war. Das Anrücken der Bürgerwehr verhinderte Schlimmeres.

Einige der flüchtenden Arbeiter wählten ihren Rückzug über die Breite Herzogstraße, wo sie noch die Fenster des Stationskommandanten und Stadtverordneten *Thielecke* mit Pflastersteinen einwarfen. Gegen 22.00 Uhr war schließlich wieder Ruhe eingekehrt.

Am darauffolgenden Tag, am 20. März, kam es in der Auguststadt abermals zu Unruhen. In Höhe des Waisenhauses errichteten Arbeiter aus aufgerissenen Pflastersteinen eine Barrikade über die dortige Okerbrücke und legten damit den Verkehr lahm. Die Bürgerwehr mußte neuerlich eingreifen, um die ,,Ordnung" wieder herzustellen und die Barrikade zu beseitigen.

Angesichts der überall im Herzogtum sich abspielenden Unruhen sah sich der Herzog von Braunschweig-Lüneburg zu einer Stellungnahme veranlaßt. Er drückte sich darin einmal demokratischen Strebungen gegenüber sehr wohlwollend aus, ließ auf der anderen Seite aber keinen Zweifel daran, daß er gegen jede Form von Übertretungen der bestehenden Gesetze vorzugehen gedachte.

> Mit einigem Bedauern haben wir vernommen, daß auch in unserem Lande Störungen der gesetzlichen Ordnung und Gewalttätigkeiten vorgekommen sind.
>
> So fest Wir entschlossen sind, mit allen Unseren Kräften zu der Verwirklichung der schönen Aussichten beizutragen, welche sich für das geliebte deutsche Vaterland eröffnet haben, so fest sind Wir auch überzeugt, daß dieses Ziel nur dann mit Sicherheit erreicht werden kann, wenn die Gesetze von Allen geachtet und befolgt werden.
>
> Wir richten daher an alle Bewohner des Landes die dringende Aufforderung, jeder Gesetzwidrigkeit ernst und bestimmt entgegen zu treten, und erklären zugleich, daß auch Wir Unsere landesfürstliche Pflicht erfüllen und keine Übertretungen der Gesetze dulden werden.)[5]

Die Staatsgewalt reagierte dann auch mit Härte auf die Unruhen in Wolfenbüttel. Auf Hinweis durch einen Tagelöhner *Schaare* wurden am 24. März zunächst die einundzwanzig und neunzehn Jahre alten Tagelöhner *Heinrich Schrader* und *Heinrich Denecke* sowie der zwanzig Jahre alte Ringemacher *Christian Schrader* verhaftet und vor dem Herzoglichen-Kreisgericht wegen der Ereignisse vernommen. Gegenüber dem „Polizeikommissär" *Brinckmeier* konnten *Denecke* und *Christian Schrader* glaubhaft machen, daß sie an den Unruhen nicht beteiligt waren. Auch *Heinrich Schrader* bestritt bei dieser ersten Vernehmung zunächst jede Beteiligung:

> Er sei am 17ten d. M. auf die Kunde, daß sich auf hiesigem Stadtmarkte viele Menschen versammelt hätten, Abends etwa um 8 Uhr ebenfalls dorthin gegangen. Auf dem Markte seien viele Menschen versammelt gewesen, die sich indeß, nachdem den arbeitslosen Bewohnern Beschäftigung versprochen worden, ruhig nach Hause begeben hätten, und sei auch er fortgegangen.
>
> Am 19ten d. M. habe er sich mit seiner Schwester Henriette abends 9 1/4 Uhr in die Stadt begeben, weil sie gehört, daß hier Unruhen ausgebrochen seien. Weil er indeß befürchtet, daß er ebenfalls in die Unruhen verwickelt werden könne, sei er bei den Krambuden wieder umgekehrt und nach Hause gegangen. Sonst sei man diesen Abend nicht in der Stadt gewesen, und habe noch weniger an den ausgebrochenen Unruhen tätigen Antheil genommen.
>
> Wenn Jemand behaupte, er habe sich am 19ten d. M. Abends gerühmet, er habe den hiesigen Stations-Commandanten geschlagen, so müßte er in Abrede stellen, solche Äußerungen gemacht zu haben.
>
> Ebensowenig habe er am 20ten d. M. an dem Spektakel, welcher sich auf hiesiger Auguststadt ereignet, Theil genommen.)[6]

Bei einer weiteren Vernehmung am 26. März gab *Heinrich Schrader* aber schließlich doch eine Beteiligung an den in Rede stehenden Unruhen zu und auch, daß er sich dazu habe verleiten lassen, den Stationskommandanten *Thielecke* an dem bewußten Abend „an die Brust zu fassen")[7]. *Schrader*, der sich im Fortgang der Untersuchungen immer deutlicher als sogenannter Hauptträdelsführer erwies, nannte im Laufe der weiteren Verhöre noch eine ganze Reihe von Personen, die an den Unruhen beteiligt gewesen waren.

Die Untersuchungen zogen sich bis Mitte 1849 hin, und es sammelte sich ein beachtlicher Aktenberg an. Schließlich erfolgte die Anklage gegen:

1. die Tagelöhner Heinrich Schrader und Timme,
   hieselbst, wegen Widersetzlichkeit gegen die Bürgerwehr.

2. den Tagelöhnern Heinrich Schrader und Complicen,
   hieselbst, wegen Widersetzlichkeit gegen den
   Stationscommandanten Thielecke,
   resp. Mißhandlung desselben.

3. den Tagelöhner Heinrich Schrader und Complicen,
   hieselbst, wegen Aufruhrs.)[8]

Sieben der vor Gericht gestellten Personen wurden abgeurteilt und mit hohen Strafen belegt:

der Tagelöhner *Heinrich Schrader* zu 1 Jahr
und 3 Monaten Gefängnis
der Tagelöhner *Heinrich Christ* zu 1 Jahr
und 3 Monaten Gefängnis
der Tagelöhner *Wilhelm Timme* zu 1 Jahr Gefängnis
der Handelsmann *Wilhelm Speitling* zu 1 Jahr Gefängnis
der Tagelöhner *Fritz Gretzer* zu 1 Jahr Gefängnis
der Tagelöhner *Theodor Schlecht* zu 3 Monaten Gefängnis
der Schuhmachergeselle *Ferdinand Lüttichau*
zu 3 Wochen Gefängnis)[9].

Charakteristisch für den damals herrschenden Zeitgeist ist wohl, daß die verhängten Strafen voll abgebüßt werden mußten. Gnadengesuche wurden abgelehnt, obwohl mittlerweile einige der Verurteilten eine Beschäftigung gefunden hatten und sich einige Handwerksmeister sogar für sie bei den Behörden einsetzten)[10].

Als Reaktion auf die Unmutsäußerungen unter den Arbeiterfamilien wurde zur Linderung der größten Not in der Stadt ein Beschäftigungsprogramm eingerichtet)[11]. Für acht Stunden Arbeit in den Wallanlagen erhielten die Leute etwa neun Groschen an Lohn. Familienväter konnten aber selbst damit noch nicht alle grundlegenden Lebensbedürfnisse bestreiten. Als in Kenntnis der Sachlage der Kreisbaumeister *Kruse,* dem die Beschäftigung der Leute oblag, von sich aus einen höheren Lohn auszahlte, erhielt er von der Kreisdirektion hierfür einen strengen Verweis)[12].

Das Notprogramm der Landesregierung währte nicht sehr lange. Aus angeblichen wirtschaftlichen Zwängen strich das Staatsministerium in Braunschweig im April 1849 wieder alle Mittel für die Beschäftigung Arbeitsloser. Die Verwaltung in Wolfenbüttel verschlimmerte zum Winter 1849/50 die prekäre Arbeitsmarktlage noch weiter dadurch, daß sie für etliche Arbeiten wieder Strafgefangene einsetzen ließ.

Sehr sorgsam ließ nun der Herzog von Braunschweig jede mögliche politische Regung der Arbeiterschaft in seinem Lande beobachten)[13]. In einem Bericht der Wolfenbütteler Kreisdirektion heißt es dazu am 14. November 1848:

In hiesigem Kreise bestehen nachfolgende politische Vereine:
1. der Bürgerverein zu Wolfenbüttel, welcher sich mittelst ehrerbietigst angebotenem Statuts constituiert und sich neuerlich dem vaterländischen Verein in Braunschweig an-

geschlossen hat, jedoch unter derjenigen Modifikation des politischen Glaubensbekenntnisses, welche in der ebenmäßigen angebogenen „offenen Erklärung" enthalten ist, tritt für die konstitutionelle Monarchie ein.
2. außerdem bestehen in hiesiger Stadt noch, a, der Handwerkerverein, und b, der Arbeiterverein.
Beide sind jedoch eigentlich ihrem Stiftungszwecke nach keine politischen Vereine, sondern sie verfolgen nur gewerbliche und Standesinteressen, und wenn das Bestehen dieser Vereine auch die gelegentliche Theilnahme ihrer Mitglieder an politischen Manifestationen erleichtert, so haben sie doch als Vereine daran bisher nicht Theil genommen und es haben auch die einzelnen Mitglieder den gesetzlichen Weg bisher nicht verlassen. ...)[14]

Um die Mitte des 19. Jahrhunderts gab es also in Wolfenbüttel mit dem Handwerkerverein und dem Arbeiterverein zwei Arbeiterorganisationen. Wie aus der staatlichen Überprüfung hervorgeht, handelte es sich in der Sache aber offensichtlich nur um Organisationen, die in bescheidenem Maße versuchten, Notlagen ihrer Mitglieder zu lindern)[15]. Organisierte Kontakte zu Arbeitervereinen anderenorts gab es jedenfalls nicht. So steht als einziges Dokument besonderer Aktivitäten des Handwerkervereins eine Petition vom 11. Januar 1849 an den Stadtmagistrat zur Linderung der herrschenden Hungersnot:

... Bei der nunmehr eingetretenen Kälte und den dadurch entstandenen gänzlichen Mangel an Arbeit sehen wir uns außer Stande gesetzt, für uns und die Unsrigen die nothwendigsten Lebensbedürfnisse noch länger herbei zu schaffen, wir wenden uns daher in dieser drückenden Lage an unsere betreffende Behörde, und ersuchen Sie doch inständigst dahin zu verordnen, daß die Gefangenen doch wenigstens einige Zeit nicht mehr ausgehen, um öffentliche Arbeiten zu verrichten, und ferner doch womöglich Wege und Quellen zu erforschen, um auf städtische Kosten, einige Arbeiten und Beschäftigungen vornehmen zu lassen; um daß wir auf rechtlichen Wege uns und unseren Kindern das nöthige Brod herbeischaffen können. Sie können ferner die festeste Versicherung hinnehmen, daß uns nur die äußerste Nothwendigkeit zu diesem Schritt drängt denn im Grunde genommen, was ist uns, was ist selbst der Behörde damit gedient, wenn wir uns, ehe wir dem Hunger verfallen, uns auf verbotenem Wege dasjenige suchen zu erlangen, was wir so nicht können; die Stadt bekommt ihre Gefängnisse voll, und die natürliche Folge davon ist, eine immer tiefer moralisch gesunkene Bevölkerung. In der festen Überzeugung, daß Sie unsere nicht unbilligen Wünsche und Beschwerden abhelfen, verharren wir in tiefer Ergebenheit im Namen der arbeitenden Bevölkerung von Wolfenbüttel.

Der Vorstand des Handwerkervereins

Carl Bartels *Th. Ramel* *A. Jacobi*)[16]

Bereits mit überregionaler politischer Dimension scheinen um 1850 die Zigarrenarbeiter eine Verbindung ins Leben gerufen zu haben. Bei einer in Frankfurt a. d. O. durchgeführten polizeilichen Aktion gegen auffällig gewordene Zigarrenarbeiter fand man jedenfalls Papiere, aus denen hervorgehen sollte, daß auch Wolfenbütteler Zigarrenmacher in einem überregionale Kontakte pflegendem Verein organisiert seien:

> ... Aus den von der Königlich Preußischen Polizei-Direction zu Frankfurt a./O. in Beschlag genommenen Papieren mehrerer Cigarren-Arbeiter geht hervor, daß auch zu Wolfenbüttel ein Verein von derartigen Arbeitern besteht, als dessen Vorsitzender ein gewisser F. Holzkamp *fungiert.* ...)[17]

Daraufhin in Wolfenbüttel eingeleitete polizeiliche Nachforschungen blieben jedoch ohne nennenswerte Erkenntnisse. Man konnte lediglich konstatieren, daß die Zigarrenarbeiter eine relativ schlecht funktionierende Unterstützungskasse betrieben.

Eine neuerliche Überprüfung der politischen Verhältnisse in Wolfenbüttel im Jahre 1852 ergab, daß in der Stadt seit einiger Zeit ein Arbeiter-Bildungsverein existierte. Es könnte sich dabei um eine Nachfolgeorganisation des 1848 genannten Arbeitervereins gehandelt haben. Im Gegensatz zu der vermutlichen Vororganisation betrieb der Arbeiter-Bildungsverein auch politische Agitationen und war mit entsprechenden Vereinen anderenorts Verbrüderungen eingegangen. Wer allerdings die führenden Kräfte in der Organisation waren und in welchem Rahmen sich die Aktivitäten der Mitglieder bewegten, ließ sich leider nicht mehr ermitteln:

> An
> Herzogliches Staatsministerium berichtet
> Herzogliche Kreisdirection Wolfenbüttel
> über einen zu Wolfenbüttel bestehenden
> Arbeiter=Bildungs=Verein
> In Veranlassung einer Mittheilung der Königlich Sächsischen Kreisdirection zu Zwikkau hat sich das hiesige Polizeiamt veranlaßt gesehen, über einen danach in hiesiger Stadt bestehenden Arbeiterverein nähere Nachforschungen anzustellen und in Erfahrung gebracht, daß hier allerdings ein s.g. Arbeiter=Bildungsverein besteht, dessen Statut den hierbei ehrerbietigst überreichten Acten sich beigefügt findet.
>
> Dem Statute nach verfolgt dieser Verein keine unerlaubte Zwecke, es ist aber nicht unwahrscheinlich, daß ein Zweig oder Ausschuß dieses Vereins sich auch mit anderen Dingen beschäftigte, als im Statute bezeichnet sind. Dies näher zu erforschen, habe ich mir Mühe gegeben, bis jetzt habe ich jedoch überall nichts Zuverlässiges dieserhalb in Erfahrung bringen können und gebe ganz gehorsamst anheim, ob etwa Hannover, von wo nicht selten Zuschüsse zu der Casse des hiesigen Vereins erfolgen sollen, nähere Nachrichten nachzusuchen sein möchten.
> Wolfenb. d. 30. März 1852
> Herzogl. Braunschwg. Lün. Kreisdirection)[18]

Zunehmend verschärfte jetzt die braunschweigische Landesregierung ihre Kontrollen und Reglementierungen gegenüber allen demokratischen

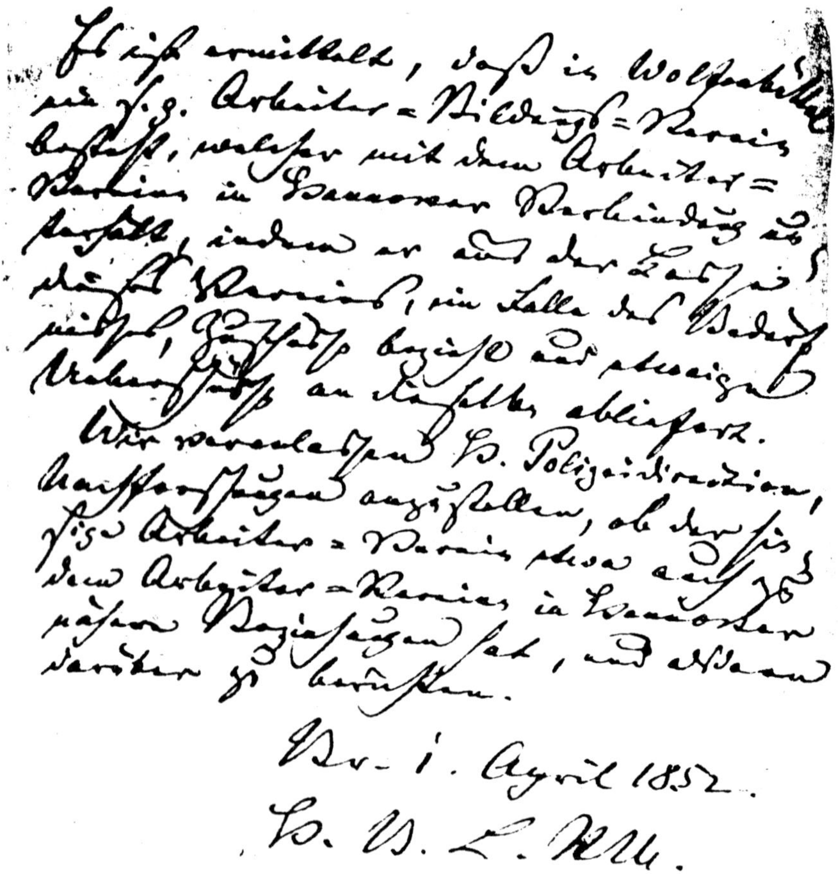

Nachforschungsauftrag des Braunschweiger Staatsministeriums an die dortige Polizeidirektion bezüglich möglicher Verbrüderungen zwischen bestehenden Arbeitervereinen.

„Es ist ermittelt, daß in Wolfenbüttel ein s.g. Arbeiter-Bildungs-Verein besteht, welcher mit dem Arbeiter-Verein in Hannover Verbindung unterhält, indem er aus der Casse dieses Vereins, im Falle des Bedürfnisses, Zuschuß bezieht und etwaige Überschüsse an dieselbe abliefert.
Wir veranlassen hs. Polizeidirection, Nachforschungen anzustellen, ob der hiesige Arbeiter-Verein etwa auch zu dem Arbeiter-Verein in Hannover näher Beziehungen hat, und alsdann darüber zu berichten."
Qu.: Ns. St. A. Wlfb. 12 A Neu Fb. 5 Nr. 6216

und sozialistischen Regungen aus der Bevölkerung. Allein die Tatsache, Mitglied in einem der entsprechenden Vereine zu sein, mit Personen zu verkehren, die derartiges Gedankengut pflegten, oder der Bezug einer Zeitschrift, die im Verdacht demokratischer Tendenz stand, konnte für den Betroffenen den Verlust des Arbeitsplatzes und die unverhüllte polizeiliche Überwachung bedeuten. Arbeitgeber führten Listen über Arbeiter, die im Verdacht politischer und gewerkschaftlicher ,,Umtriebe" standen. Viele Arbeiter zogen sich aus Furcht vor Repressalien von den Arbeitervereinen zurück. Eine ansteigende Konjunktur verschleierte zusätzlich für viele Teile der Bevölkerung das Bewußtsein über ihre wahre soziale Lage und rechtliche Stellung im Staate. Bei vielen bisher aktiven Arbeitervereinsmitgliedern sank das Interesse an einer geschlossenen Standesvertretung. Bereits im August 1852 konnte die Kreisdirektion in Wolfenbüttel ein merkliches Abebben der Arbeitervereinsbewegung in ihrem Zuständigkeitsbereich vermelden:

> An
> Herzogliches Staatsministerium
> berichtet Herzogl. Kreisdirection Wolfenb.
> über die politische Stimmung in hiesigem Kreise.
>
> In Gemäßheit hohen Beschlusses vom 7ten d. M. verfehle ich nicht, den unterm 14ten November v. J. erforderten Bericht über die politische Stimmung im hiesigen Kreise dahin zu erstellen, daß im Allgemeinen die Theilnahme an politischen Dingen sehr nachgelassen hat, zumal in der arbeitenden Classe, welche in Folge vermehrten Arbeitsbedarfs und höherer Löhne die Empfänglichkeit dafür zur Zeit gänzlich verloren zu haben scheint.
>
> Gleichwohl scheint der Organismus für politische Verbindungen namentlich in hiesiger Stadt noch fortzubestehen, und man scheint nur die gewohnte Thätigkeit aus Mangel an genügender Theilnahme einstweilen beschränkt zu haben. ...)[19]

Nur ein Jahr später, im November 1853, war nach Feststellung der Kreisdirektion von einer Arbeiterbewegung kaum noch etwas zu spüren:

> Zufolge hohen Rescripts ... verfehle ich nicht, ganz gehorsamst zu berichten, daß die Empfänglichkeit für politisch aufregende Lehren, namentlich auch für die Democratie, im hiesigen Kreise scheinbar immer mehr im Abnehmen ist, so daß man auch nicht einmal mehr von Versuchen, auf die politischen Ansichten Anderer, insonderheit zu Gunsten der Democratie einzuwirken, hört.
> Die allerdings noch immer und zwar vorzugsweise in den Städten, vorhandenen Anhänger dieser Richtung scheinen für jetzt so ganz auf das Zuwarten sich beschränkt zu haben, daß es nach gerade immer schwerer wird, sie noch unter dem größeren Haufen der Gleichgültigen herauszufinden.

Das Vereinswesen äußert fast keine Spur politischer Thätigkeit mehr, und diejenigen Vereine, bei denen man am wenigsten bei einigen ihrer Mitglieder politische Tendenzen überhaupt und vielleicht, wenn auch sehr geheim gehaltene Verbindungen mit anderen politischen Vereinen vermuthen kann, sind fast ganz ohne äußere Lebenszeichen.

...

Es ist unter diesen Umständen nicht wohl zu ermitteln, ob und wie Einzelne sich für das Vereinswesen auch jetzt noch besonders thätig erweisen, indess werde ich fortwährend auf das Treiben der bekannten Personen, welche sich früher politischen Wühlereien widmeten, achten lassen und eintretenden Falls daran weiteren Bericht zu erstatten, nicht ermangeln. ...)[20]

Im November 1854 fielen dann die letzten Reste der Arbeitervereinsbewegung auch noch einem allgemeinen Verbot zum Opfer. Das Gesetz vom 16. November 1854, das im Herzogtum Braunschweig nach einem Bundesbeschluß vom Juli des Jahres erlassen wurde, unterband nun die Aktivität aller Vereine, die sozialistische Zwecke verfolgten.

Von Gottes Gnaden, Wir Wilhelm, Herzog, Wir erlassen mit Zustimmung des Ausschusses der Landesversammlung zur Ausführung des § 8 des Bundesbeschlusses vom 13. Juli d. J. wegen der Arbeitervereine nachfolgendes Gesetz:

§ 1

Arbeitervereine und Arbeiterverbrüderungen, welche politische, socialistische oder communistische Zwecke verfolgen, sind verboten.

§ 2

Zuwiderhandlungen gegen dieses Verbot durch Neubildung solcher Vereine oder Verbrüderungen oder durch Theilnahme an denselben, sind mit Gefängnisstrafe von drei Monaten bis zu einem Jahr zu belegen.

§ 3

Bestehende Vereine oder Verbrüderungen dieser Art wird die Landesregierung durch Verordnung auflösen.

§ 4

Die zur Erkennung der in diesem Gesetze angeordneten Strafen zuständigen Gerichte, sind die Kreisgerichte.

Alle, die es angeht, haben sich hiernach zu richten.

Urkundlich pp.

...)[21]

Schon am 19. Januar 1855 konnte die Kreisdirektion vermelden, daß entsprechend den gesetzlichen Vorgaben im Raum Wolfenbüttel keine Arbeitervereine mehr tätig seien:

In Gemäßigkeit des hohen Rescripts vom 12. v. Mts. No. 13091 verfehle ich nicht ganz gehorsamst anzuzeigen, daß Arbeitervereine, oder Arbeiterverbrüderungen, welche politische, socialistische oder communistische Zwecke verfolgen, ... im hiesigen Kreise gegenwärtig nicht bestehen. ...)[22]

Damit waren die ersten Versuche eines organisatorischen Zusammenschlusses der Wolfenbütteler Arbeiterschaft beendet. Selbst in Orten wie Helmstedt und Braunschweig, wo die Arbeitervereine schnell ihre Satzungen änderten und die Polizeibehörden sich ihnen gegenüber zudem noch durchaus tolerant zeigten, erfolgte Zug um Zug die Auflösung bestehender Arbeiterorganisationen. Chancen, unbehelligt zu bleiben, hatten jetzt nur noch völlig unpolitisch erscheinende Unterstützungsvereine und Selbsthilfeeinrichtungen, wie sie zum Beispiel die Gilden mit ihren Kranken-, Sterbe- und Hinterbliebenenkassen betrieben.

Etwa in diesem Sinne wurde 1856 in der Wolfenbütteler Zigarrenfabrik von Stamm und Dosse eine ,,Kranken- und Sterbecasse für Cigarrenarbeiter" eingerichtet. Nach den Organisationsstatuten war eine Mitgliedschaft für die Arbeiter des Betriebes freiwillig. Da die Firmeninhaber an der Gründung der Kasse maßgeblich beteiligt gewesen waren, sah es in der Praxis aber so aus, daß nur diejenigen Beschäftigung erhielten, die sich als Mitglied aufnehmen ließen.

Die Statuten der seit einigen Jahren hier bestehenden Unterstützungscasse der Cigarrenarbeiter enthalten nicht die Zwangspflicht der hier arbeitenden Cigarrenarbeiter zum Eintritt in diese Casse, halten diesen vielmehr jedem offen und lassen ihn außerdem noch von der Erfüllung verschiedener Bedingungen abhängig sein.
Vielfach gemachte Erfahrungen haben jedoch bald nach der Errichtung dieser Casse den Verein zu der Überzeugung gebracht, daß durch das Institut der beabsichtigte Zweck nur dann vollständig zu erreichen stehe, wenn eine Verpflichtung zum Beitritte für sämtliche hier arbeitende Cigarrenmacher eingeführt werde ... so habe ich den Antrag des Vereins vorläufig und bis zu einer entsprechenden Modifikation der Statuten angeordnet, daß kein fremder Cigarrenmacher hier zum Arbeiten zugelassen wird, bevor er sich nicht als Mitglied der mehrgedachten Unterstützungscasse ausgewiesen hat.)[23]

Unterstützungsvereine in dieser Art hat es in Wolfenbüttel noch eine ganze Zahl)[24] gegeben, wie überhaupt zu dieser Zeit entsprechende Selbsthilfeorganisationen im Lande recht verbreitet waren. Zwischen einigen dieser Organisationen bestanden zwar Verbindungen, politische Bedeutung haben sie aber nicht erlangt. Hingegen liegt es nahe, diesen Selbsthilfeorganisationen eine Vorläuferfunktion für die staatlichen Pflicht- und Sozialversicherungseinrichtungen zuzuschreiben.

IV. Politisierung der Arbeiterbewegung in Wolfenbüttel

Bald nach der Verbotswelle gegenüber Arbeitervereinigungen regten sich in vielen Teilen Deutschlands wieder freiheitlich und demokratisch gesinnte Kräfte. Eine breite Liberalisierung des Bürgertums war nun unverkennbar. Liberale nahmen sich jetzt vordergründig der Nöte der in Abhängigkeiten lebenden Bevölkerung an. Durch die Bildung von Arbeiterbildungsvereinen kamen sie scheinbar dem Bedürfnis der Arbeiterschaft nach Bildung und Aufklärung entgegen. Eigentliches Ziel der von den Liberalen initiierten Arbeiterbildungsvereine aber war es, sich ein gewichtiges Unterstützungspotential für die eigenen politischen Ziele zu schaffen. „Mit dem Jahre 1860 begann die Gründung von Arbeitervereinen und zwar in Form von Arbeiter-Bildungsvereinen sozusagen epidemisch zu werden ...")[1], erinnerte sich *August Bebel.*

Im Land Braunschweig etablierte sich liberales Denken erst recht spät. Eine entsprechend orientierte Tageszeitung erschien hier ab dem 1. September 1865 mit dem „Braunschweiger Tageblatt". Lebenszeichen eines vom liberalen Bürgertum geförderten Arbeiterbildungsvereins sind in Wolfenbüttel sogar erst weit nach der Aufhebung des Bundesbeschlusses zum Verbot politischer Vereinigungen zu verzeichnen. Das war zu einer Zeit, als in Deutschland die Arbeiterbildungsvereine der Liberalen schon wieder an Bedeutung verloren und die sogenannten Lassalleaner sowie andere sozialistisch und kommunistisch orientierte Politvereine immer mehr an Bedeutung gewannen.

Eine vermutlich erste organisierte Zusammenkunft von an der Arbeiterbildung Interessierten fand in Wolfenbüttel am Sonntag, dem 30. Dezember 1865, um 4.00 Uhr nachmittags in der Gaststätte Häge, am Schloßplatz, statt)[2]. Ein genaues Gründungsdatum des Wolfenbütteler Arbeiterbildungsvereines existiert nicht, ja scheint selbst unter den Mitgliedern umstritten gewesen zu sein. Ein für den Herbst 1866 geplantes Stiftungsfest wurde nämlich „des zweifelhaften Geburtstages des Vereins wegen aufs nächste Frühjahr verschoben")[3]. Man einigte sich auf den 23. Februar 1866 als Gründungsdatum, den Tag, von dem das erste Sitzungsprotokoll existierte)[4]. Auch wer die Gründungsmitglieder waren, ließ sich nicht mehr eindeutig ermitteln. Über den ersten Vereinsvorsitzenden kann nach den Zeitungsberichten der Zeit nur gesagt werden, daß es sich um einen Schneidermeister handelte. Nach den verschiedenen Zeitungsberichten über Vereinsaktivitäten kann mit ziemlicher Sicherheit angenommen werden, daß *Dr. Schrader,* die Lehrer *Kost* und *Spier* und Metalldreher *C. F. Müller* von Anfang an aktiv dabei waren.

Der Kreisphysikus *Dr. med. Ludwig Schrader* gehörte dem liberalen Nationalverein an. Er zog mit engagiertem öffentlichen Eintreten für die Besserung der sozialen Lage für die Arbeiterschaft immer wieder die Aufmerksamkeit auf sich. *Christian Kost,* Lehrer an der Bürgerschule, gehörte ebenfalls dem liberalen Lager an. Er präsidierte häufig bei den Vereinsversammlungen und übernahm nach dem Rücktritt des namentlich nicht bekannten Schneidermeisters den Vorsitz in dem Arbeiterbildungsverein. *C. F. Müller*)[5], damals etwa 26 Jahre alt, war ein Anhänger Lassalles und war auch Mitglied in der sozialistischen Internationale)[6]. Er und *Samuel Spier,* der erst im Laufe seiner Tätigkeit im Arbeiterbildungsverein vom bürgerlich Liberalen zum Lassalleaner wurde, zeichneten ganz entscheidend für eine zunehmende Politisierung des Bildungsvereins verantwortlich und formierten später die politische Arbeiterbewegung in Wolfenbüttel.

Auf den ersten Versammlungen des Arbeiterbildungsvereins galt es zunächst, Vereinsstatuten zu erarbeiten, geeignete Unterrichtsräume zu finden und das Unterrichtsprogramm festzulegen.
Nach den verabschiedeten Statuten)[7] durfte jeder mindestens achtzehnjährige unbescholtene Erwachsene Mitglied werden. Doch schon mit der Festlegung der Höhe der Mitgliedsbeiträge dürfte eine klare Auslese unter den beitrittswilligen beziehungsweise interessierten Arbeitern vorgegeben gewesen sein. Bei Aufnahme waren einmalig zweieinhalb Groschen zu zahlen; als Mitgliedsbeitrag wurden monatlich fünf Groschen erhoben. Die Mitgliedschaft schloß die Teilnahmemöglichkeit an allen Vereinsveranstaltungen und die Nutzung der Vereinsbibliothek ein.

Für die Unterrichtstätigkeit erhielt man vom Stadtmagistrat Räumlichkeiten in der Bürgerschule an der Harzstraße bewilligt. Auflagen seitens des Stadtmagistrats gab es nur in Hinblick auf das ordentliche Betragen – Alkohol- und Rauchverbot – und das saubere Hinterlassen der benutzten Klassenräume. Der Unterricht wurde auf jeweils dienstags, mittwochs und freitags von 8.00 bis 10.00 Uhr abends festgelegt. Den Stundenplan füllten Naturkunde, Orthographie, Schreiben, Stilübungen, Geschichte, Geographie, bürgerliches Rechnen und praktische Geometrie)[8]. Im April 1866 waren die Vorbereitungen schließlich soweit gediehen, daß mit der Unterrichtstätigkeit begonnen werden konnte.

Der Wolfenbütteler Arbeiterbildungsverein stand unter der Einflußnahme des liberalen Bürgertums. Mit welchem Engagement diese die Geschikke des Vereins zu beeinflussen suchten, wird aus einem Zeitungsbericht vom 27. März 1866 deutlich:

> Der kürzlich hier gegründete »Arbeiter-Bildungs-Verein« ist schon zu 70 Mitgliedern herangewachsen. Für jeden Volksfreund muß es eine erfreuliche Wahrnehmung sein, wenn man die Zeichen des Fortschritts unaufhaltsam sich entfalten sieht. Von Seiten des Gewerbe-Vereins ist in seiner Versammlung das lebhafteste Interesse für den »Ar-

beiter-Bildungs-Verein« ausgesprochen worden, und er wird somit demselben thatkräftig zur Seite stehen. – Die Bibliothek des Gewerbe-Vereins soll daher schon nach Übereinkunft der zu stellenden Caution des frgl. Vereins zur freien Verfügung gestellt werden; dieselbe soll gute gediegene Werke besitzen. Tüchtige Lehrer haben ihre Thätigkeit zugesagt, und es ist der Anfang des Unterrichts auf Dienstag nach dem »Weißen Sonntag« festgestellt, aber wahrscheinlich wird man dann damit noch nicht beginnen können, da der hiesige Stadtmagistrat auf das Ersuchen, dem Verein das Local der hiesigen Bürgerschule zur Verfügung stellen zu wollen, noch keine bestimmte Antwort gegeben hat. ... Möge der gute Zweck eines solchen Vereins allgemein anerkannt und unterstützt werden, damit aus diesem in Blüthe stehenden Vereine für die Zukunft reiche Früchte erwachsen. ...)[9]

Nach dem recht erfolgversprechenden Anfang im April 1866 schien der Arbeiterbildungsverein wenige Monate später schon wieder an seinem Ende angekommen zu sein. Wegen mangelnder Beteiligung mußte das Unterrichtsangebot um einen Tag gekürzt werden. Offensichtliche Zwistigkeiten unter den Vorstandsmitgliedern ließen den Verein zusätzlich wenig attraktiv erscheinen.

Die Mitgliederzahl betrug im Mai etwa 70 - 80, dennoch war das Leben den ganzen Sommer hindurch kein frisches, schwungvolles zu nennen. Nur mit großer Schwierigkeit und nur durch äußere Strafandrohung wurde es möglich, die Unterrichtsstunden kümmerlich im Zuge zu erhalten. Zudem kamen die ungünstigen Zeitverhältnisse des verflossenen Sommers hinzu, eine Anzahl Vereinsmitglieder wurde zu preußischem Militärdienst einberufen, bei anderen hatte sich der Reiz des Neuen verloren und waren diese darum ausgetreten. Einzelne Vorstandsmitglieder, zuletzt auch der bisherige Vorsitzende (ein Schneidermeister), hatten aus entstandenen Mißhelligkeiten den Verein verlassen, kurz derselbe war von 70 - 80 Mitgliedern im Monat Mai auf eine Mitgliederzahl von 34 herabgesunken und befand sich augenblicklich in einer gefährlichen Krisis. Um diese zu überwinden, wurde auf gestern Nachmittag eine Generalversammlung einberufen, die ziemlich zahlreich besucht war, und bei der als Ehrengäste auch die Herren Dr. Benfy und Meves, welch letzterer Jahre lang Vorsitzender des Braunschweiger Arbeiterbildungsvereins gewesen, zugegen waren. – Nachdem *Herr Lehrer Kost* die Versammlung eröffnet, auch nach Behandlung der bisherigen Vorstandsfrage den Wunsch ausgesprochen, alle persönlichen Angriffe zu unterlassen, warf *Lehrer Spier* einen kurzen Rückblick auf das vergangene halbjährliche Leben des Vereins.)[10]

Man arrangierte sich letztendlich im Vorstand, nahm einige organisatorische und personelle Änderungen vor, und mit dem beginnenden Winter verstärkte sich das Vereinsleben wieder. Die Mitgliederzahl stieg erfreulich, und der Unterricht konnte, recht gut besucht, in regelmäßigem Turnus stattfinden. Doch schon zum Sommer 1867 ebbte das allgemeine Interesse an dem Verein neuerlich ab. Nachdem mehrere Versuche zur Reaktivierung ohne entscheidenden Erfolg geblieben waren, hörte der Arbeiterbildungsverein faktisch im Dezember 1867 auf zu existieren)[11].

Ein wesentlicher Grund für den so schnellen Untergang des Vereins muß in einer zunehmenden Politisierung gesehen werden, dessen ideologische Ausrichtung den Nationalliberalen zumindest wenig behagte; zunehmend entzogen sie dem Arbeiterbildungsverein ihre Unterstützung. Reibungspunkte gab es hauptsächlich mit den Anhängern Lassalles. Während diese staatliche Maßnahmen zur Verbesserung der Arbeits- und Lebensbedingungen der Arbeiterschaft forderten, setzten die Liberalen ganz auf die Selbsthilfe.

> Ganz besonders interessant, gewiß für alle Anwesenden, war in der letzten Versammlung die Besprechung der Frage, ob unsere Zeit gegenüber der früheren Zeit grade in Hinsicht auf das gesellschaftliche Leben des Arbeiters resp. Handwerkers Fort- oder Rückschritte gemacht. – Die Lassalle'schen Ansichten haben auch in unserem Verein einige eifrige Jünger, und so konnte es durch entschiedenes, aber immer anständiges Aufeinanderplatzen der entgegengesetzten Ansichten an einer lebhaften Discussion nicht fehlen.)[12]

Ein nicht unbedeutender Impuls zur Politisierung des Wolfenbütteler Arbeiterbildungsvereins kam aus Braunschweig. Hier hatte am 6. September 1865 *Wilhelm Bracke*, ein idealistisch der Arbeiterfrage verbundener junger Kaufmann, eine Ortsgruppe des von Lassalle ins Leben gerufenen Allgemeinen Deutschen Arbeitervereins gegründet. Unter *Brackes* Führung entwickelte die Braunschweiger Ortsgruppe eine überaus aktive politische Agitation. Aus Wolfenbüttel schlossen sich nach und nach etwa 20 Personen dem ADAV an. Um die Massenbasis des Allgemeinen Deutschen Arbeitervereins im Raum Braunschweig zu erweitern, plante *Bracke* für den Sommer 1867 einen großen Arbeitertag. Hier sollten unter anderem die Ziele des ADAV, die Einstellung der Handwerksmeister zu Arbeiterfragen und die zweckmäßigste Organisation der gesamten Arbeiterschaft zur Diskussion gestellt werden.

In Wolfenbüttel berief man zur Vorbereitung auf den Arbeitertag und zur Bestimmung der Delegierten für den 11. Juli 1867 eine Arbeiterversammlung ein. Etwa 50 bis 60 Personen fanden sich unter der Leitung des Fabrikarbeiters *Wilhelm Dannhauer* im Kaffee-Haus zusammen. Die Diskussionen bestimmte hauptsächlich der Liberale *Dr. Schrader*, der mehrfach eindringlich vor den Lehren Lassalles warnte. Im Verlauf der Versammlung wurden dann 14 Delegierte für den Braunschweiger Arbeitertag nominiert, wobei

Spier und *Müller* den Arbeiter-Bildungs-Verein,
Höltje das Maurerwerk,
Wilgeroth das Schlossergewerk,
Röder die Firma Lutter & Peters,
Dannhauer den ADAV,

Calbe und *Hüter* die Cigarrenmacher,
Lambrecht die Spinnfabrik,
Gros das Webergewerk,
Schaper das Schuhmachergewerk,
Benda das Schneidergewerk und
Pinseler und *Gennt* das Dachdeckergewerk
vertreten sollten)[13]. Nach der Versammlung hatte man noch einen Umzug veranstalten wollen, das Vorhaben wurde aber von der zuständigen Polizeibehörde nicht genehmigt.

Bracke und seine Genossen konnten mit dem Ergebnis ihres Arbeitertages am 21. Juli 1867 mehr als zufrieden sein. Zahlreiche Betriebe, Genossenschaften, Innungen und Arbeitervereinigungen hatten Delegierte geschickt. Selbst aus Sachsen, Hamburg und Leipzig waren Abgesandte erschienen. Etliche der insgesamt 94 Teilnehmer konnten zusätzlich von den politischen Zielen des Lassalleanischen Arbeitervereins überzeugt werden. In mehreren Orten bildeten sich als Folge des Arbeitertages eigenständige Sektionen des ADAV beziehungsweise verstärkten sich merklich die dortigen Aktivitäten.

Die Liberalen sahen jetzt ihren Einfluß auf die Arbeiterschaft schwinden und verlegten sich auf die Diffamierung der sozialistischen Arbeiterbewegung. So fand zum Beispiel im Braunschweiger Tageblatt nicht die Berichterstattung über die inhaltlichen Diskussionen auf dem Arbeitertag breiten Raum, sondern die Schilderung anstößiger Randerscheinungen. Man mokierte sich über ein paar angetrunkene Arbeiter, die auf Parkbänken ihren Rausch ausschliefen und ein Pärchen, das sich in der Öffentlichkeit zu freimütig seine gegenseitige Zuneigung bewies.

In dem Wolfenbütteler Lehrer *Samuel Spier* vollzog sich unter dem Eindruck des in Braunschweig auf dem Arbeitertag Gesehenen und Gehörten ein Gesinnungswandel. Noch bis kurz vor dem Arbeitertag rechnete er sich selbst dem national-liberalen Bürgertum zu. Nun sah er in Lassalle den „Messias der Arbeiterklasse)[14] und trat selbst dem ADAV bei. Nur wenige Tage später sammelten er, der Metalldreher *C. F. Müller* und *Dannhauer* in Wolfenbüttel Gesinnungsgenossen um sich und formierten eine eigenständige ADAV Ortsgruppe. Der Juli 1867 kann damit als Gründungsdatum der ersten sozialdemokratischen Arbeitervereinigung in Wolfenbüttel angesehen werden)[15].

V. Die Wolfenbütteler Sozialdemokraten

Eine erste wichtige Aufgabe für die Lassalleaner in der ehemaligen Herzogresidenz stellte sich mit Vorbereitungen auf Parlamentswahlen. Für Ende 1867 standen nämlich Wahlen zum norddeutschen Reichstag an.

Erstmals am 3. August lud das Arbeiter-Wahl-Comitee)[1] der Wolfenbütteler Ortsgruppe des ADAV zu einer Informationsveranstaltung ein. *Samuel Spier* stellte den Versammlungsteilnehmern in einem Referat zunächst die Ziele des ADAV vor. Dabei hob er insbesondere die Unterschiede zu der vom ADAV geforderten Staatshilfe für die sozial schwach gestellten Bevölkerungskreise und der von der liberalen Gruppe um *Schulze-Delitsch* propagierten Selbsthilfe hervor. Sehr heftig attakierte *Spier* dabei den Arzt *Dr. Schrader,* der in Wolfenbüttel für die Selbsthilfe eintrat. Im zweiten Teil der Versammlung)[2] stand die Beratung über einen geeigneten Kandidaten für die Parlamentswahl auf der Tagesordnung. Noch unter dem Eindruck des gerade gehörten Referates stehend, forderte die Mehrheit der Versammlungsteilnehmer *Samuel Spier* zur Kandidatur auf. Mit der Begründung, daß er seine derzeitige Auffassung über die soziale Frage erst etwa 14 Tage habe und noch nicht absehen könne, ob er diese so beibehalten werde, lehnte *Spier* jedoch ab. Einen weiteren Grund für seine Ablehnung verband er mit seinem noch geringen Bekanntheitsgrad als Vertreter der Arbeiterpartei.

Bracke aus Braunschweig, der an der Versammlung teilnahm und nun aus den Reihen der Teilnehmer vorgeschlagen wurde, lehnte ebenfalls ab, da er bereits für zwei Wahlkreise nominiert worden war. Da nun in den eigenen Reihen offensichtlich kein geeigneter Kandidat zu finden war, entschloß man sich, einen relativ prominenten auswärtigen Kandidaten zu wählen. Man einigte sich auf den Zigarrenmacher *Friedrich Wilhelm Fritzsche* aus Leipzig als Vertreter der Sozialdemokraten im Wahlkreis Wolfenbüttel-Helmstedt. *Fritzsche* gehörte zu den Mitbegründern des ADAV)[3].

Die Wolfenbütteler Sozialdemokraten betrieben einen intensiven Wahlkampf. Sie schlossen auch die umliegenen Dörfer in ihre Agitationen mit ein und ließen keine Gelegenheit vorübergehen, um für ihre Sache zu werben. *Spier* sprach im August auf einer Wahlversammlung in Groß Denkte. Themen waren natürlich wieder die Ziele des ADAV und die Kandidatur *Fritzsches*)[4].

Eine Volksversammlung veranstaltete das Arbeiter-Wahl-Comitee am 27. August im großen Saal des „Erbprinzen", einem Lokal auf dem Großen Zimmerhof)[5]. Neben *Spier* und *Bracke* als Diskussionsredner, stellte sich hier auch der Kandidat *Fritzsche* persönlich vor und sprach über seine politischen Zielvorstellungen. Die Versammlung erfreute sich einer unerwartet regen Beteiligung. Die Diskussionen hätten sich sicher noch weit bis in den nächsten Tag hineingezogen, jedoch mußte genau nach Mitternacht abgebrochen werden. Von Seiten der Veranstalter war versäumt worden, die Versammlungsgenehmigung auch für den 28. August einzuholen.

Als Nationalliberale eine Wahlversammlung abhielten, erschienen auch *Spier* und einige seiner Parteifreunde und provozierten eine umfassende Auseinandersetzung über die Forderungen der Lassalleaner. „*Mit fünfläufigem Revolver trat der »Vertreter« des Arbeiterstandes in die Schranken und schoß seine fünf Fragen auf den Candidaten ab ...*", kommentierte die Presse das Auftreten *Spiers*)[6]. Geschickt agierend, gelang es ihm, die Nationalliberalen und deren Spitzenkandidaten *v. Heinemann* in etliche Widersprüche zu verwickeln und so wiederum Werbung für den ADAV zu betreiben. Erstmals erlebten die Wolfenbütteler einen Wahlkampf mit Zündstoff!

Das Ergebnis der Wahl zum norddeutschen Reichstag fiel dann aber für die Lassalleaner im Wahlkreis Wolfenbüttel-Helmstedt noch recht bescheiden aus. Der Nationalliberale *v. Heinemann* siegte mit 2982 Stimmen gegen 358 für *Fritzsche*. Ein wesentliches Faktum für diesen Wahlausgang ist sicherlich in den Wahlrechtsbestimmungen zu suchen. Dennoch ist die Wahl für die Sozialdemokraten zumindest als ein kleiner Achtungserfolg zu werten. Allein in der Stadt Wolfenbüttel nämlich waren von den 358 Stimmen für *Fritzsche* 214 abgegeben worden. Bei hier insgesamt 1500 Stimmberechtigten entspricht dies einem Anteil von gut 14 %.

Die aktive Parteiarbeit wurde auch nach dem Wahlereignis fortgeführt. Gemeinsam mit den Genossen in Braunschweig faßte man ein Großvorhaben ins Auge. Am 19. Juli 1868 sollte in der Asse eine als Arbeitertag deklarierte Volksversammlung stattfinden. Zu dieser Volksversammlung sollten nicht, wie noch 1867 in Braunschweig, Delegierte bestimmt werden, sondern jeder konnte Zugang erhalten . Eine bisher noch nicht dagewesene Werbekampagne mit Plakaten, Einladungskarten, Zeitungsannoncen und vielem mehr wurde in Gang gesetzt.

Wie eigentlich nicht anders zu erwarten, reagierten die politischen Gegner mit Mißgunst und Geringschätzung auf das Vorhaben der Arbeiterpartei.

Sparsam, fleißig und geschickt,
glücklich, wen dies Kleeblatt schmückt,
ihm gelingt es überall
ohne Bracke und Lassalle

kommentierte zum Beispiel das nationalliberale Braunschweiger Tageblatt die Aktivitäten der Sozialdemokraten)[7].

Tagesordnung.

1. **Zweck, Mittel und Organisation der social-demokratischen Arbeiterpartei Deutschlands und deren Verhältniß zu den anderen Parteien.**

Referent Herr **C. W. Toelcke** aus Iserlohn.

Zur allgemeinen Debatte anwesend Herr

F. W. Fritzsche aus Berlin,

welcher vorzugsweise über die sog. **Staats- und Selbsthülfe** sprechen wird.

2. **Das demokratische Programm von Dr. Joh. Jacoby.**

Referent Herr **W. Bracke** jun. aus Braunschweig.

Die Gegner sind freundlichst eingeladen, zur gegenseitigen Aufklärung sich an der Debatte zu betheiligen.

Abends bei Beginn der Dunkelheit

Grosses

Brillant-Feuerwerk.

Ausgeführt vom Oberfeuerwerker a. D. Herrn **Wolters.**

Abends 10 Uhr Abmarsch.

Abends präcise 11 Uhr:

Abfahrt des Extrazuges von der Fischerbrücke nach Wolfenbüttel u. Braunschweig.

Zu allgemeinster Betheiligung wird freundlichst eingeladen.

Die ausführlichen Programme, **welche zugleich als Eintrittskarte zu Concert und Feuerwerk gelten,** sind zu haben in **Braunschweig** b:

Heinr. Ehlers, Kannengießerstraße 29, **W. Bracke** jun., hintern Brüdern 9, **F. Reidel**, Reichenstraße 29,

in **Wolfenbüttel** bei **C. Roeder**, Bruchstraße, **F. Lambrecht**, Stobenstraße 101.

Dieselben enthalten u. A. die **„Thesen,“** welche die Herren Toelcke und Bracke ihren Vorträgen zu Grunde gelegt haben, **4 Arbeiterlieder** und den größten Theil des **Antwortschreibens** Ferd. Lassalle's. Der Preis, durch welchen sämmtliche Kosten gedeckt werden sollen, ist auf 3 Gr. festgesetzt.

Das Comité.

Im Auftrage **H. Ehlers,** Vorsitzender.

Druck von Berglein & Limbach. Braunschweig.

Plakat der Braunschweiger/Wolfenbütteler Gruppe des ADAV zur Asse Kundgebung am 19. Juli 1868.

Qu.: Bibl. Wlfb., Gn 344

Aus allen Richtungen strömten am Veranstaltungstage die Menschen zur Asse. Die Braunschweiger hatten einen Sonderzug gemietet, der die Teilnehmer bis Wendessen brachte. Aus Wolfenbüttel inszinierte man einen Festzug in Richtung Asse. Nahezu zehntausend Menschen fanden sich ein und ließen den Arbeitertag zu einer eindrucksvollen Machtdemonstration für die Arbeiterschaft werden.

Als Hauptredner trat *Wilhelm Tölcke* aus Iserlohn auf. Er war für kurze Zeit Präsident des ADAV gewesen und gehörte mit zu den bedeutenden Agitatoren der Arbeitervereinigung. Er sprach auf der Asse-Kundgebung über die programmatischen Forderungen der Lassalleaner und gab einen Einblick in die Organisationsstruktur des ADAV. *Wilhelm Bracke* und *Samuel Spier* schlossen sich in der Rednerfolge an. In einem gemeinsam verfaßten Sechs-Punkte-Papier forderten sie zur Stärkung der Arbeiterbewegung die Zusammenarbeit mit anderen fortschrittlichen demokratischen Arbeiterorganisationen.

Nach den Reden mündete die Versammlung in der Asse in ein Volksfest, das erst zur Nacht mit einem großen „Brilliant-Feuerwerk" abgeschlossen wurde. Dies zeigt, daß man es schon damals verstand, öffentlichkeitswirksam die „Werbetrommel zu rühren".

VI. Eine neue Arbeiterpartei

Mit äußerstem Mißbehagen registrierte der Vorsitzende des Allgemeinen Deutschen Arbeitervereins, *Johann Baptist v. Schweitzer*)[1], die wachsenden Aktivitäten in Braunschweig und Wolfenbüttel. *Schweitzer* fürchtete um seine Führungsrolle im ADAV und stellte sich schließlich offen gegen die Gruppe um Bracke und Spier. Besonders an der Frage einer Zusammenarbeit mit anderen fortschrittlichen und demokratischen Kräften, wie sie von *Bracke* und *Spier* auf der Asse-Kundgebung propagiert worden war, schieden sich die Geister. Auf der anderen Seite stand *v. Schweitzer* wegen seines sehr autokratischen Führungsstils zunehmend im Kreuzfeuer der Kritik.

Es war nicht zuletzt *Samuel Spier*, der sich immer massiver gegen die undemokratische Struktur des ADAV und den Führungsstil seines Präsidenten stellte:

> Zu Ostern 1869 vertrat ich Wolfenbüttel bei der General-Versammlung des Allgemeinen Deutschen Arbeiter=Vereins in Elberfeld. Hier gewann ich zuerst klare Einsicht in die Organisation dieses Vereins. Dieselbe erschien mir in den Rechten des Vereins Präsidenten vollständig autocratisch. Daneben verfügte der Präsident noch unbeschränkt über das einzige Partei=Organ „Social Demokrat", so daß gegen Verfügungen des Leiters vom Verein in Wirklichkeit mit Erfolg nicht anzukämpfen war. Gegen diese Organisation machte gerade ich Front; ...)[2]

Auf der Generalversammlung des ADAV in Barmen-Elberfeld, Ostern 1869, gelang es den Kritikern, die Parteistruktur zu demokratisieren. Als aber *v. Schweitzer* die getroffenen Vereinbarungen wenige Wochen später von sich aus wieder außer Kraft setzte, kam es zum Eklat in der Partei.

Samuel Spier schilderte das Geschehen, das von den Oppositionellen im ADAV sogar als „Staatsstreich" bezeichnet wurde, wie folgt:

> ... es gelang mir, trotz des entschiedensten Widerspruchs *Schweitzer's*, die Organisation des Vereins in eine wirklich demokratische umzuwandeln. ... Einige Monate später unternahm *Schweitzer* eine scheinbare Einigung mit dem Allgemeinen Deutschen Arbeiter=Verein, der Mende-Hatzfeldschen Gruppe. Letztere hatte sich nicht mehr für sich allein halten können. Bei dieser Einigung galt als wesentlichste Bedingung, daß alle Elberfelder Verbesserungen wieder aufgehoben wurden. Dieses war Veranlassung für *Bracke* und mich und verschiedene andere bisherige Mitglieder des Allgemeinen Deutschen Arbeiter=Vereins, aus diesem Verein auszutreten, um gemeinsam mit der Partei von *Bebel* und *Liebknecht* im August 1869 einen Allgemeinen Deutschen Social Democratischen Arbeiter=Congreß nach Eisenach zu berufen.)[3]

Bereits im Herbst 1868 hatte *Spier* anläßlich einer Reise zu einem Naturwissenschaftlerkongreß nach Berlin die Gelegenheit genutzt, um in Leipzig Zwischenstation zu nehmen und dort mit *Bebel* und *Liebknecht* zu sprechen. Dabei standen auch die Parteiverhältnisse zur Aussprache)[4].

Gefördert durch die Auseinandersetzungen mit dem ADAV Präsidenten intensivierten sich bis zur Jahreswende die Kontakte zwischen Braunschweig-Wolfenbüttel und Leipzig. Nach dem sogenannten „Staatsstreich" *v. Schweitzers* trafen dann am 22. Juni 1869 *Bebel, Liebknecht, Bracke* und *Spier* sowie die Arbeiterführer *Bremer* und *Yorck* in einem Gasthaus in Magdeburg zusammen, um über ihre politische Zukunft zu beraten.

Wilhelm *Bracke* und *Bremer* waren für ein sofortiges „Losschlagen" gegen *Schweitzer* und den sofortigen Austritt aus dem ADAV. *Spier* und *Yorck* hingegen traten zunächst noch für den Versuch einer neuerlichen Reform des ADAV's ein. Die Verhandlungen zogen sich hin, schließlich aber verständigte man sich darauf, einen neuen Arbeiterverein ins Leben zu rufen. „*Es war Mitternacht*", schreibt *August Bebel* in seinen Lebenserinnerungen)[5], „*als der prächtige Bracke sich über das in der Wirtsstube stehende Billard streckte, um auf demselben den Aufruf niederzuschreiben, für den alsdann Unterschriften für die Einberufung eines Kongresses gesammelt werden sollten*". In dem Papier rief man zum Bruch mit *Schweitzer* und dem ADAV auf und stellte den Zusammenschluß in einer noch zu gründenden und auf jeden Fall demokratisch strukturierten Arbeiterpartei in Aussicht.

Parteigenossen!
Unter einer Menge von heuchlerischen Redensarten hat der Präsident unseres Vereins eine Maßregel getroffen, welche jedes denkende Mitglied mit Entrüstung erfüllen muß. In derjenigen Eile, welche diese Vorgänge geboten – weshalb denn auch Niemand sich über Zurücksetzung beklagen wolle –, sind die Unterzeichneten zusammengetreten und haben sich über einen Schritt geeinigt, der von den weittragendsten Folgen für die Partei sein wird. ...
Geleitet von dem Gedanken, daß nur von der Partei selbst über ihre Organisation beschlossen werden kann, und ferner geleitet von dem Gedanken, die Einigung der social-democratischen Arbeiter Deutschlands, auch was die Gewerkschaften betrifft, herbeizuführen, haben wir den Entschluß gefaßt, in kürzester Zeit einen allgemeinen Congreß der gesammten social-democratischen Arbeiter Deutschlands zu berufen, auf welchem der Grund einer wirklich demokratischen Organisation der Partei im Anschluß an die internationale Bewegung gelegt werden kann. Parteigenossen, wir rechnen auf Eure Unterstützung! ...
Aus dem Allgemeinen Deutschen Arbeiter-Verein werden wir – es ist uns schwer geworden den Entschluß zu fassen – austreten. Der Allgemeine Deutsche Arbeiter-Verein war uns ans Herz gewachsen, aber im Interesse der Sache muß man das schwerste Opfer zu bringen verstehen; und anders ist keine Rettung! ...

gez.: *J. Bremer* in Magdeburg
Hoffmann in Neustadt-Magdeburg
W. Klees in Buckau bei Magdeburg
Th. Yorck in Harburg
C. Müller, S. Spier und *A. Viewieg* in Wolfenbüttel
W. Bracke jun., *H. Ehlers, C. Lüdecke* und *A. Schrader* in Braunschweig
Friedrich Ellner in Frankfurt a. M.)[6]

Vom 7. bis 9. August 1869 trafen in Eisenach Vertreter aus den wichtigsten Strömungen der Arbeiterbewegung zusammen. Im Mittelpunkt des Kongresses stand die Gründung der **Socialdemokratischen Arbeiterpartei Deutschlands,** kurz SDAP genannt. Das Parteiprogramm, das auf dem Eisenacher Kongreß verabschiedet wurde, gliederte sich in ein Grundsatz- und in ein Aktionsprogramm. Das Grundsatzprogramm enthielt als Hauptziel die Errichtung eines „freien Volksstaates" durch „Abschaffung aller Klassenherrschaft". Da nach Ansicht der Kongreßteilnehmer die Befreiung der Arbeiter nur durch internationale Zusammenschlüsse zu erreichen sei, verstand sich die neue Partei ausdrücklich als Zweig der Internationalen Arbeiter-Assoziation. Zu den Forderungen des Aktionsprogramms gehörten unter anderem die Einführung des allgemeinen, gleichen, direkten und geheimen Wahlrechts, die Errichtung eines Volksheeres, die Einführung der allgemeinen Schulpflicht, die Unabhängigkeit der Gerichte, unentgeldliche Rechtspflege und die Trennung von Staat und Kirche.

Die Führung der Partei legte man in die Hände dreier Gremien, einem sogenannten Parteiausschuß, einer Kontrollkommission und den Vertretern des Parteiorgans als Stelle für die Presse- und Öffentlichkeitsarbeit. Über diesen drei Gruppen der Parteiführung stellte man eine alljährlich stattfindende Generalversammlung als oberstes Beschlußorgan. *Samuel Spier,* der eine besondere Vorliebe für Organisationsfragen hatte, prägte insbesondere diesen letzten Teil der Parteistatuten mit.

Als Sitz des Parteiorgans, dem von *Liebknecht* herausgegebenen „Volksstaat", wurde Leipzig gewählt. Den Sitz der Kontrollkommission legte man nach Wien; diese Entscheidung erwies sich jedoch sehr bald als organisatorisch ungünstig, so daß man den Sitz der Kontrollkommission wenig später nach Hamburg verlegte.

Besonders *Bebel* und *Liebknecht* setzten sich bei der Ortswahl für den Parteiausschuß, das heißt dem eigentlichen Sitz der Parteiführung, dafür ein, daß dieser nach Braunschweig-Wolfenbüttel ging. „*Was nun Braunschweig-Wolfenbüttel betrifft*" begründete Liebknecht sein Votum)[7], „*so vereinigt sich dort Alles, um die Wahl zu empfehlen. Wir haben daselbst tüchtige Männer, die sich obendrein noch keiner Seite Feindschaft zugezo-*

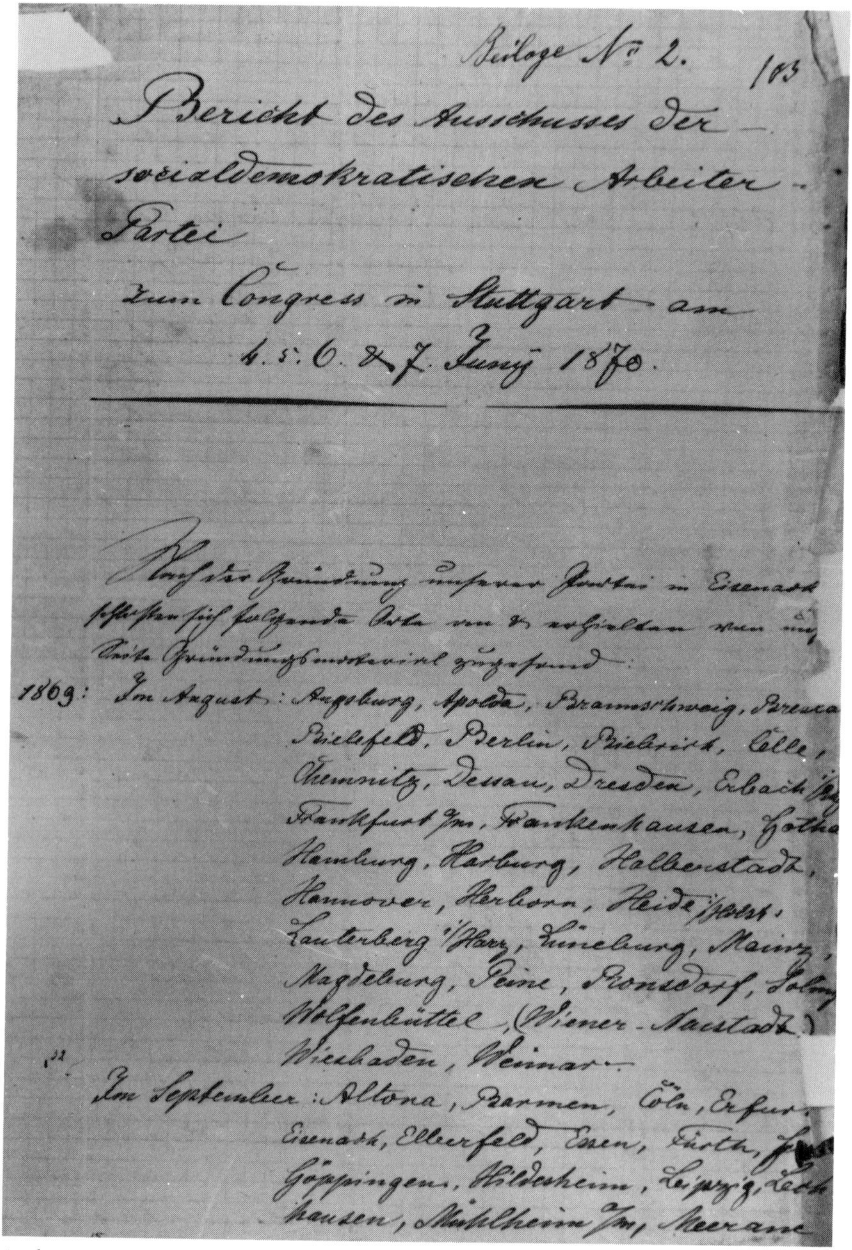
Beilage No 2. 103

Bericht des Ausschusses der socialdemokratischen Arbeiter-Partei zum Congress in Stuttgart am 4. 5. 6. & 7. Juni 1870.

Nach der Gründung unserer Partei in Eisenach schlossen sich folgende Orte an & erhielten [illegible] Gründungsbeitrag [illegible]:

1869: Im August: Augsburg, Apolda, Braunschweig, Bremen, Bielefeld, Berlin, Biebrich, Celle, Chemnitz, Dessau, Dresden, Erbach i/O., Frankfurt a/M., Frankenhausen, Gotha, Hamburg, Harburg, Halberstadt, Hannover, Herborn, Heide i/Holst., Lauterberg a/Harz, Lüneburg, Mainz, Magdeburg, Peine, Ronsdorf, Solingen, Wolfenbüttel, (Wiener-Neustadt) Wiesbaden, Weimar.

Im September: Altona, Barmen, Cöln, Erfurt, Eisenach, Elberfeld, Essen, Fürth, [illegible] Göppingen, Hildesheim, Leipzig, Lechhausen, Mühlheim a/R., Meerane

Anlage zum SDAP-Vorstandsbericht für den Parteikongreß im Juni 1870 Darin wird der Beitritt der Wolfenbütteler Ortsgruppe gleich für August 1869 registriert.

Qu.: Ns. St. A. Wlfb., 38 A Neu 2 Fb. 2 Nr. 36 Bd. 1

gen haben, obgleich sie in der schärfsten Weise für das Prinzip vorgegangen sind; Polizeihindernisse liegen nicht vor; die Arbeiter sind vom besten Geist beseelt, die Lage des Ortes, im Zentrum der Bewegung ist eine vortreffliche. Wenn wir Braunschweig-Wolfenbüttel wählen, so strecken wir auf der einen Seite den noch jetzt im Allgemeinen Deutschen Arbeiterverein des Herrn von Schweitzer befindlichen Arbeitern die Bruderhand hin; auf der anderen Seite kehren wir die Spitze unserer Schlachtordnung nach Norden."

Nach diesen Festlegungen durch die Gründungsversammlung Eisenach, vollzog man in Braunschweig und in Wolfenbüttel auf Ortsversammlungen am 14. und 20. August des Jahres die Wahl der Ausschußmitglieder. Zum 1. Vorsitzenden wurde der Gelbgießer *H. Ehlers* aus Braunschweig gewählt, *Wilhelm Bracke* übernahm das wichtige Amt des Kassierers. *Samuel Spier* wurde zum 2. Vorsitzenden und *Friedrich Neidel* zum Beisitzer gewählt. *Leonhardt von Bohnhorst,* der bis dahin in Mainz für die Arbeiterbewegung gewirkt hatte, komplettierte als hauptamtlicher Sekretär den Parteiausschuß.

Für zwei Jahre lag nun ein Großteil der politischen und organisatorischen Verantwortung für die neue Partei bei dem Kreis um *Bracke* und *Spier.* Vereint mit den anderen herausragenden Persönlichkeiten in der SDAP gelang es den Braunschweiger und Wolfenbütteler Sozialdemokraten, die Anfangsschwierigkeiten in der Parteientwicklung zu überwinden und die Organisation so zu festigen, daß sie in der Zukunft auch schwerste Krisen überstand. Bereits im Juni 1870 zählte die Sozialdemokratische Deutsche Arbeiterpartei über 15000 Mitglieder in 111 Ortsgruppen.

Auf der Gründungsversammlung der Wolfenbütteler SDAP-Ortsgruppe, am 21. August 1869, wurden *Samuel Spier* zum 1. Vorsitzenden, *Christian Mumme* zum 2. Vorsitzenden, *Gustav Benda* zum Kassierer und *Splüter* und Geffers zu Kontrolleuren gewählt.

Wie in vielen anderen Orten, so brachte auch in Wolfenbüttel die Parteineugründung zum Teil tiefe Zerwürfnisse unter den Genossen mit sich. Hier schlossen sich zunächst 34 Personen der SDAP an, 12 blieben dem ADAV treu. Von Seiten des Wolfenbütteler ADAV trat *Nadge* mit besonderer Entschiedenheit gegen die neue Arbeiterpartei an. Als er jedoch von dem ADAV Vizepräsidenten *Wilhelm Tölcke* einmal bei einem Besuch um 5 Taler geprellt wurde, trat auch er im Oktober 1869 zur SDAP über. Damit war der ADAV in Wolfenbüttel seiner letzten Führungskraft beraubt und die ohnehin zahlenmäßig nur noch sehr kleine Ortsgruppe löste sich vollends auf.

Die Aktivitäten der Wolfenbütteler SDAP-Ortsgruppe standen ganz im Zeichen der überregionalen Arbeit *Spiers* im Parteiausschuß. Zumeist standen in den Ortsvereinsversammlungen Berichte von Kongressen, Berichte über Aktivitäten des Ausschusses und grundlegende ideologische Themen im Mittelpunkt. Nöte des Alltags, Ungerechtigkeiten und Unterdrückungen, die Wolfenbütteler Arbeiterfamilien täglich erfuhren, fanden hingegen kaum Behandlung. Man vertröstete sich in dieser Hinsicht mit der Argumentation, daß grundlegende Verbesserungen dieser Dinge ohnehin nur auf höherer politischer Ebene zu erzwingen seien.

Am Abend des 19. März 1870 veranstaltete der Wolfenbütteler Ortsverein der SDAP einen öffentlichen Ball, zu dem auch *August Bebel* erschien. Nach seiner Festrede weihte er eine Fahne, die sich die Ortsvereinsmitglieder hatten schneidern lassen. Diese Vereinsfahne wurde über Jahrzehnte gehegt und oftmals unter Lebensbedrohung von Genossinnen und Genossen vor der Vernichtung bewahrt und ist so zum Traditionsbanner der Wolfenbütteler Sozialdemokratie geworden)[8].

VII. „Hoch- und Landesverräter"

Durch die Gründung des Norddeutschen Bundes (1866), der 21 deutsche Kleinstaaten und Freie Städte umfaßte, hatte sich der Machteinfluß Preußens vergrößert. Gegenseitiges Mißtrauen und nationaler Ehrgeiz um die Vormachtstellung in Europa belastete nun zusehends das Verhältnis zwischen Preußen und Frankreich. Thronfolgeabsichten der Hohenzollern in Spanien, die den Einflußbereich Preußens noch mehr ausgeweitet hätten, verführten wohl Frankreich letztendlich dazu, Deutschland am 19. Juli 1870 den Krieg zu erklären.

Angesichts der sich im Jahre 1866 einstellenden Verschlechterung der politischen Beziehungen zwischen Deutschland und Frankreich, rückten die Verfechter einer internationalen Arbeiterverbrüderung zunächst demonstrativ enger zusammen. Im Sommer 1867 erhoben deutsche und französische Arbeitervertreter gemeinsam ihre Stimme gegen die aufkommende Kriegsgefahr. Auf etlichen Versammlungen, unter anderem in Paris, Berlin, München und Krefeld, sprachen sie sich immer wieder gegen einen möglichen Krieg zwischen den beiden Ländern aus. Nach ihrer Meinung würde ein Waffengang nur unnütz das Leben von Hunderttausenden aufs Spiel setzen. Der Auftritt einer französischen Arbeiterdelegation auf dem Parteitag der SDAP, der vom 4. bis 7. Juni 1870 in Stuttgart stattfand, sollte noch als machtvoller Beweis für eine starke internationale Solidarisierung der Arbeiterschaft gelten. Aber nur wenige Tage später überzog eine Welle nationaler Empörung gegenüber Frankreich die deutschen Lande und auch unter den Anhängern der Internationale obsiegte der Nationalismus.

Am 16. Juli 1870, also drei Tage vor der französischen Kriegserklärung, organisierte der Parteiausschuß der SDAP in Braunschweig eine Volksversammlung, um über die augenblickliche Lage zu beraten. Am Ende der Versammlung stand die Verabschiedung einer Resolution, in der man sich namens der deutschen Arbeiterschaft für einen Waffengang gegen Frankreich aussprach:

> Die Versammlung erklärt, daß sie Gegnerin aller Kriege, ganz insbesondere der dynastischen Kriege ist. ... Sie kann jedoch nicht umhin, auf einen gewichtigen Unterschied in der augenblicklichen Lage des französischen und des deutschen Volkes hinzuweisen. Napoleon und die Majorität der sogenannten Vertreter des französischen Volkes sind die frivolen Friedensbrecher und Ruhestörer Europas; ihnen entgegenzutreten, ist die erste Pflicht. Die deutsche Nation dagegen ist die beschimpfte, die angegriffene. Daher muß, wenn auch mit Bedauern, die Versammlung den Verteidigungskrieg als notwendiges Übel anerkennen, ...)[1]

Die europäische Krise mit ihren nationalistischen Ausprägungen belastete jetzt nicht nur die Beziehungen zwischen den deutschen und französischen Sozialisten. Auch die um Einheit ringende deutsche Arbeiterbewegung drohte weiter gespalten zu werden. Entgegen der aus Braunschweig-Wolfenbüttel vorgegebenen Leitlinie zu dem politischen Konflikt und entgegen der offenkundigen Stimmung im deutschen Volk enthielten sich *August Bebel* und *Wilhelm Liebknecht* auf einer außerordentlichen Sitzung des Reichstages als einzige Abgeordnete der Stimme bei der Bewilligung der Kriegskredite. *Bebel* und *Liebknecht* vertraten die Meinung, daß sie im Interesse der internationalen Arbeiterverbrüderung nicht zustimmen könnten.

Später einmal gab *Bracke* zu verstehen, daß die gesamte politische Lage von der Parteiführung in Braunschweig-Wolfenbüttel falsch eingeschätzt worden sei)[2]. Jetzt aber reagierte man sehr ungehalten auf das Votum von *Bebel* und *Liebknecht*. Besonders die Weigerung *Liebknechts*, das Parteiorgan „Volksstaat" im Sinne des Parteiausschusses zu redigieren, erregte den Zorn von *Bracke* und *Spier*.

> ... *Liebknecht* mag jetzt noch das Bedürfnis des Aussprechens fühlen; von uns wird Niemand noch das Bedürfnis empfinden. Auch könnte die Liebknecht'sche Meinung, uns sei es um Vertrauensvoten zu thun, ... leicht eine böse Dissonanz erzeugen. Uns hier war es nie um unsere Person oder deren Ansehen, sondern einzig und allein um unsere Sache zu thun.
> Die Art aber, wie *Liebknecht* die Situation auffaßt, ... halten wir nicht allein für principiell falsch sondern auch für einen kolossalen taktischen Fehler.
> ...
> Statt Vertrauensvoten in unserem Hirne zu tragen, haben wir uns bemüht, den Fehler wieder gut zu machen. ... *Liebknecht* aber haben wir geschrieben, daß, falls er nicht in unserem Sinne künftig das Blatt redigiert, auch die Controle=Commission ihn nicht dazu zwingt, wir – wenigstens *Spier* und ich – unsere Aemter niederlegen, da wir an dem Untergange der Partei nicht schuld sein wollen. ...)[3]

Eine sehr gereizte briefliche Auseinandersetzung zwischen den führenden Funktionären der SDAP schien die Einheit der noch jungen Partei ernstlich in Gefahr zu bringen. *Bracke* und *Spier* drohten alle Ämter niederzulegen, *Bebel* erklärte, bei Maßregelung *Liebknechts* die Mitarbeit einzustellen, und *Liebknecht* selbst spielte mit dem Gedanken, sich in den USA eine neue Heimat zu suchen. In dieser verzweifelten Lage baten die Braunschweiger *Karl Marx* um ein klärendes Wort)[4]. Die Kriegsereignisse selbst aber brachten dann wieder Einigkeit unter den Streitenden.

Mit großer Überlegenheit und auf einen Waffengang offensichtlich gut vorbereitet waren drei deutsche Armeen in Frankreich einmarschiert, noch ehe hier das Militär die Mobilmachung abgeschlossen hatte. Sehr schnell waren die wichtigsten militärischen Entscheidungen zu Gunsten der Deutschen gefallen; das französische Kaiserreich brach zusammen und kapitulierte.

Mit der Niederlage der Franzosen, der Gefangennahme *Napoleons* und der Proklamierung der Französischen Republik sah nun die SDAP-Führung in Braunschweig keine Notwendigkeit mehr zur Fortführung der Kriegshandlungen durch Deutschland. Die Ausschußmitglieder handelten ohne Zögern; drei Tage nach Sedan veröffentlichten sie ein Manifest, in dem sie die sofortige Beendigung des Krieges mit Frankreich forderten und sich gegen jedwede Annexionsbestrebungen aussprachen:

> An alle deutschen Arbeiter!
>
> ... Mit dieser Wendung der Dinge ist, so hoffen wir, das Ende des Krieges gewiß. So lange die napoleanischen Söldnerschaaren Deutschland bedrohten, war es unsere Pflicht, als Deutsche den „Vertheidigungskrieg, den Krieg um die Unabhängigkeit Deutschlands" zu führen. Ein solcher Vertheidigungskrieg schließt nicht aus, daß man den Feind angreife; er schließt, wie jeder Krieg, ein, daß Letzterer zum Frieden gezwungen wird. Daher mußten wir selbst dann noch den deutschen Heeren den Sieg wünschen, als die unmittelbare Bedrohung der deutschen Grenzen beseitigt und unser braves Heer mitten in Frankreich hineingedrungen war; freudig bewegten uns die in unerhörter Tapferkeit, in großartiger Todesverachtung von unseren deutschen Brüdern errungenen glorreichen Siege. ...
>
> War es das französische Volk, das uns den Krieg erklärte? Nein! Der Napoleonide war es; von ihm hat das deutsche Schwert nunmehr Frankreich befreit, und Frankreich hat mit ihm endgültig gebrochen. ...
>
> Wahrlich, Frankreich ist dafür, daß es diese Schande des Zweiten Kaiserreiches so lange geduldet, genugsam gestraft, und eine Pflicht des deutschen Volkes ist es, ja in seinem eigenen Interesse liegt es, einen ehrenvollen Frieden der französischen Republik zu gewähren. ... Im Interesse Deutschlands liegt ein ehrenvoller Frieden mit Frankreich, denn ein schimpflicher Frieden würde Nichts sein, als ein Waffenstillstand, geschlossen bis dahin, wo Frankreich sich wieder stark genug fühlt, den Schimpf von sich abzuwälzen. ...
>
> Die deutschen Arbeiter haben daher sofort in Masse ihre Stimme zu erheben für einen ehrenvollen Frieden mit dem französischen Volke. ...
>
> „Es lebe die Republik!"
>
> Braunschweig=Wolfenbüttel, 5. Sept. 1870
>
> Der Ausschuß)[5]

„Jetzt waren mit einem Schlage alle Differenzen zwischen uns beseitigt", war die Reaktion von *August Bebel* auf das Braunschweiger Manifest)[6]; *„Sofortiger Friedensschluß mit der französischen Republik, Ersatz aller Kriegskosten, aber Verzicht auf jede Annexion waren die Forderungen, die wir jetzt gemeinsam erhoben."*

Die Freude über die wiedererlangte Einigkeit währte jedoch nicht lange. Nur vier Tage nach der Veröffentlichung des Manifestes, also am 9. September, wurden die vermeindlichen Verantwortlichen für den Aufruf verhaftet, in Ketten gelegt und unter unwürdigen Begleitumständen nach Ostpreußen transportiert. Bis zum Winter wurden sie auf der Feste Boyen in Lötzen in Haft gehalten, um dann schließlich wieder in Braunschweig, wegen Hoch- und Landesverrat vor Gericht gestellt zu werden.

> Es war am Morgen des 9. September 1870, als von den auf dem kleinen Exercierplatz bei Braunschweig manöverierende Truppen plötzlich eine Anzahl Patrouillen abcommandiert wurden, um die 5 Mitglieder des Ausschusses der social-demokratischen Arbeiterpartei … unter der Anführung von Polizeisergeanten, in ihren Wohnungen zu überfallen und sich der Personen derselben zu bemächtigen.
> Die Maßregel war befohlen von dem Gouverneur der Küstenlande, General *Vogel von Falkenstein, …)*[7] *Kühn, Gralle* und ich *(von Bohnhorst)* waren nicht zu Hause und so holte man die beiden ersteren aus ihren Werkstätten und mich aus dem Comtoir *Brakkes* … *Kühn* und *Gralle* mußten in ihren leichten Arbeitskleidern mit. Es wurde ihnen nicht gestattet, nach Hause zu gehen, um sich umzukleiden. Letzteres wäre aber schon aus dem Grunde nothwendig gewesen, weil die Inhaftierten eine weite Reise machen sollten, die mindestens 1 bis 2 Tage dauerte, und … man in einer rauhen Septembernacht nicht in Sommer-Arbeitskleidern reisen darf, ohne sich der Gefahr einer Erkältung und deren Folgen auszusetzen.
> Der bei *Bracke* in das Comtoir vordringende Polizist, dem bald ein ganzer Schwarm seiner müßigen Collegen auf dem Fuße folgte, hatte vorher die drei Ausgänge des Brakke'schen Hauses mit Soldaten besetzt, welche ihre Bajonette aufgepflanzt hatten und Niemand aus- und eingehen ließen … Einer aus dem Schwarm der polizeilichen Rotte … drang mit einem Soldaten *(in Brackes Ankleidezimmer vor)* und forderte ihn dringend auf, zu eilen, da er „keine Zeit habe"; nur mit Mühe machte ihm *Bracke* plausibel, daß er wohl das Recht habe, sich erst fertig anzukleiden, bevor er abgeführt würde. … Auf *Brackes* Verlangen, man möge ihm den Verhaftsbefehl vorzeigen, wurde ihm erwiedert: „Derselbe ist nicht zur Stelle, Sie sind militärischer Gefangener." …
> Als ich *(von Bohnhorst)* vor meiner Abführung noch eine körperliche Function verrichten wollte, meinte der mich verhaftende Polizist »da ich seinen Namen nicht weiß, nenne ich ihn einstweilen „Flegel"«: „Sie sind doch sonst ein sehr ruhiger Mann! Wie kommt das, daß die Verhaftung auf Sie eine solche Wirkung äußert?" Statt aller Antwort wollte ich die 10 Schritte zum Hof gehen, da hatte ich aber die Rechnung ohne Herrn Flegel gemacht. Denn der visirte mich von Kopf bis zu Fuß, nahm mir alle Papiere ab und meinte, mich bis in die Stiefeln untersuchend, man könne nicht wissen, ob ich nicht eine Schießwaffe bei mir habe, womit ich mir das Leben nehmen würde. – Dann zog er einen starken Bindfaden aus der Tasche, an dessen beiden Enden Holzstücke eingeflochten waren, legte mir das Instrument um das linke Handgelenk und drehte den Bindfaden fest zu. Dann lief er die 10 Schritte neben mir her zum Hof, riß die Thür zum Appartement auf und muthete mir zu, indem er meine Hand festhielt, so meine Nothdurft zu verrichten. Erst als ich dem Herrn Flegel bemerkte, daß das unter keinen Umständen gehe, die Thüre auch zugemacht werden müsse, weil oben die ganze Hausbewohnerschaft an den offenen Fenstern stehe, ließ er meine Hand los, meinte aber, die Thüre blos klaffen zu können, denn er wisse nicht, ob ich mich nicht ums Leben bringen werde. … In das Comtoir zurückgelangt, war inzwischen *Bracke* mit seinem Begleiter angekommen. … Nun zogen unsere Unschädlichmacher jeder eine Kette hervor und schlossen uns beide Hände fest zusammen. … Inzwischen hatte sich

schon Volk vor dem Hause angesammelt und bildete bei unserem Austritt Spalier. ... Auf dem Wege zum Bahnhof sammelte sich nun immer mehr Volk und wir konnten bald die Ausdrücke hämischer Schadenfreude, bald die des innigsten Mitleidens aus den Reihen der Umstehenden hören, ... Auf dem Bahnhofe angelangt, wurden wir in das dort befindliche Polizeiwachtzimmer gebracht, wo sich schon *Kühn* und *Gralle* befanden. Die Herren Flegel und Collegen ließen die Thüren bis hinten auf und stellten uns so quasi der vor dem Bahnhof angesammelten Menschenmenge zur Schau. Hier mußten wir bis zum Abgang unseres Zuges, d.h. bis nach 1 Uhr warten.)[8]

Die Verhaftung *Spiers* in Wolfenbüttel verlief in „relativ" anständiger Weise. Er wurde am Morgen auf das Polizeiamt beordert und hier mit dem Haftbefehl konfrontiert. Bevor er dann, allerdings auch in Ketten gelegt, zum Braunschweiger Bahnhof überführt wurde, erhielt er die Gelegenheit, in seine Wohnung und die Schule zu gehen um hier notwendige Dinge zu regeln. Gleich nach den Verhaftungen wurden die Wohnungen von *Bracke, v. Bohnhorst* und *Spier,* ohne Vorlage eines richterlichen Befehls, durchsucht. Die gesamte Zeit in Ketten geschlossen und von allerlei Schikanen und Pöbeleien begleitet, erreichten die Verhafteten schließlich am Sonntag dem 11. September gegen 5 Uhr Abends Lötzen.

Eine ganze Reihe weiterer Verhaftungen, Haussuchungen und Beschlagnahmen waren noch im Zusammenhang mit der Veröffentlichung des Braunschweiger Manifestes in der Folgezeit zu verzeichnen. Gleich am Mittag des 9. September noch erfolgte in Braunschweig die Verhaftung des betagten und halbgelähmten Druckereibesitzers *Sievers,* in dessen Betrieb, aber ohne sein Wissen, das bewußte Manifest gedruckt worden war)[9], sowie die Verhaftung des Gelbgießers *Heinrich Ehlers,* der für kurze Zeit dem Parteiausschuß angehört hatte. Am Abend des 9. September wurde ferner in Braunschweig der Arbeiter *Lüdecke,* als Führer der Kassenbücher des Parteiausschusses, in Untersuchungshaft genommen. Alle genannten wurden nicht nach Lötzen transportiert, sondern blieben am Ort interniert. Auch *Bebel* und *Liebknecht* wurden in der Folge der Ereignisse wegen des Verdachtes auf Hochverrat Mitte Dezember 1870 in Leipzig in Haft genommen.

Nachdem die Voruntersuchungen seitens der Behörden abgeschlossen waren)[10], wurden die Häftlinge nach und nach wieder frei gelassen. *Bohnhorst* wurde am 26. Oktober aus dem Gefängnis entlassen – dann aber am 12. November neuerlich in Haft genommen –, der völlig unschuldige Druckereibesitzer *Sievers* erlangte zu Weihnachten seine Freiheit wieder. *Lüdecke* wurde am 24. Januar 1871 aus der Untersuchungshaft entlassen und *Bebel* und *Liebknecht* gar erst am 28. März. Die Ausschußmitglieder *Bracke, Spier, Kühn* und *Gralle,* die nach eigenem Bekunden in Lötzen den Umständen nach recht passabel behandelt worden sind, hatte man im No-

Der Braunschweiger Ausschuß der SDAP und die Führer der deutschen Sozialdemokratie

Die Gefangenen des 9. September 1870 sind von Eisenketten umrahmt.

Qu.: in W. Bracke, a. a. O.

vember 1870 wieder nach Braunschweig überführt. Hier wurden sie schließlich zum 30. März 1871 wieder aus dem Gefängnis entlassen.

Im Herbst 1871 wurde auf Betreiben des Reichskanzleramtes beim Braunschweiger Kreisgericht Anklage gegen *Wilhelm Bracke, Leonhard von Bohnhorst, Samuel Spier* und *Johann Karl Kühn* wegen „Vergehens gegen die öffentliche Ordnung" erhoben. Das Herzogliche Obergericht in Wolfenbüttel hatte es vorher abgelehnt, eine Anklage wegen Hoch- und Landesverrats auszusprechen. Damit wurde das Herzogliche Kreisgericht in Braunschweig zum Schauplatz des ersten großen Sozialistenprozesses in Deutschland.

Unter großer Anteilnahme aus der Bevölkerung zog sich die Verhandlung über drei volle Tage (23. bis 25. November) hin, von jeweils morgens 9.00 Uhr bis abends 7.00 Uhr. Mit Geschick und Bekennermut agierend, verteidigten sich die Angeklagten. Entschieden wandten sie sich gegen den Vorwurf des Putschversuches. Allerdings hätten sie das Ziel verfolgt, so gaben sie einhellig zu verstehen, die bestehenden ungerechten staatlichen und gesellschaftlichen Zustände im Sinne der Gerechtigkeit umzugestalten.

Gemeinsam mit ihren Verteidigern gelang es den Angeklagten, die Rechtsbasis des Verfahrens zu erschüttern. Aber trotz der sich zumindest als fragwürdig erweisenden Anklage wurden alle vier schuldig gesprochen. *Bracke* und *v. Bohnhorst* wurden zu je 16 Monaten Gefängnis verurteilt, *Spier* zu 14 und *Kühn* zu 5 Monaten. Zusätzlich hatten die Verurteilten noch die Untersuchungskosten zu tragen. Recht zynisch mußten so die Worte des Kreisgerichts-Direktors *von Pawel* klingen, mit denen er die Urteilsverkündung am 27. November abschloß:

> Wie Sie gehört haben, ist der Gerichtshof genöthigt gewesen, Strafen gegen Sie auszusprechen; ich darf wohl sagen: leider ! da wir nicht annehmen zu können geglaubt haben, daß Sie aus selbstsüchtigen Zwecken gehandelt haben. Es steht Ihnen allerdings frei, über staatliche Einrichtungen und dergl. zu denken, was Sie wollen, und es wird auch Niemand Sie daran hindern, dahin zu streben, daß im Wege friedlicher Reform andere Zustände an die Stelle der von ihnen mißbilligten Zustände gesetzt werden. Aber Sie dürfen dabei die durch das Gesetz gesteckten Schranken nicht überschreiten, wie Sie das bei Ihrem früheren öffentlichen Auftreten gethan haben. Wir, die Gerichte, sind dazu bestellt, das Ansehen der Gesetze aufrecht zu erhalten und dürfen Verletzungen derselben nicht dulden. Mit der Hoffnung, daß Sie sich bei ruhigem Nachdenken selbst überzeugen werden, daß Sie nicht gesetzmäßig gehandelt haben, und mit dem Wunsche, daß wir Sie in dieser Weise hier nicht wieder sehen mögen, schließe ich die Verhandlung.)[11]

Das Urteil erregte in der Öffentlichkeit, auch außerhalb sozialdemokratischer Kreise, erhebliches Aufsehen und erfuhr zum Teil sehr heftige Kri-

Namentliches Verzeichniß

von den nach Braunschweig zu transportirenden Staats-Gefangenen.

1, Wilhelm Bracke
2, Heinrich Gralle
3, Karl Kühn
4, Samuel-Spier
5. Conrad Ehlers

} Zur Verfügung des Königlichen General Gouvernements der Küstenlande vom 9 November 1870

Der Sergeant Degenhardt der 1ten Compagnie des Ersatz Bataillons 2ten Pommerschen Grenadier Regiments No. 3 und 2 Mann desselben Bataillons haben am heutigen Tage die oben aufgeführten Staats-Gefangenen übernommen, um sie nach Braunschweig zu transportiren und an den Gefangen Inspektor Spengler daselbst abzuliefern.

Es wird um einen Ablieferungsschein gebeten.

Lötzen den 14ten November 1870

Für den beurlaubten Garnison Ältesten

[illegible]

Major und Festungs Bau Director

No. 4762/pr. - d. e. 16 Novbr. 1870

Die oben aufgeführten Personen sind heute Morgen 7 Uhr hier angekommen und in die hiesigen Strafgefängnisse abgeliefert.

Braunschweig, d. 16 Novbr. 1870.

Spengler

tik. So bestärkt, strengten die Verurteilten eine Berufungsverhandlung an. Vor dem Herzoglichen Obergericht in Wolfenbüttel dann, am 2. Februar 1872, schrumpfte die ursprüngliche Anschuldigung zum „einfachen" Verstoß gegen die Vereinsgesetze. Das Urteil lautete jetzt für *Bracke* und *v. Bohnhorst* nur noch auf 3 Monate Haft, für *Spier* auf 2 Monate und für *Kühn* auf 6 Wochen. Die verhängten Strafen waren mit der Zeit der Untersuchungshaft mehr als abgegolten. Eine Entschädigung für die überzählige Haftzeit in der Untersuchung und die schmachvollen Begleitumstände bei der Verhaftung erhielten sie jedoch nicht.

Als gleich nach der Haftentlassung, Ende März 1871, in Braunschweig *Wilhelm Bracke* damit begann, die angeschlagene Partei zu neuen Aktivitäten zu erwecken, stellte sich *Samuel Spier* nicht mehr in der gewohnten Weise an die Seite der Genossen. Offensichtlich durch das Erlebnis der Haft und einige private Negativereignisse resigniert, hatte Spier seine Lehrertätigkeit an der Samson-Schule aufgegeben und war nach Frankfurt a. M. gezogen. Hier fungierte er als Privatgelehrter und nahm wohl weitgehend Abschied vom politischen Engagement.

Mit dem Wegzug *Spiers* verloren die Wolfenbütteler Sozialdemokraten ihren entscheidenen Motor in der Parteiarbeit. Sie haben seither nie wieder jene Bedeutung in der Geschichte der deutschen Sozialdemokratie erlangt, die sie unter seiner Führung zwischen 1867 und 1871 inne hatten.

Abbildung links:
„Namentliches Verzeichnis von den nach Braunschweig transportierten staatl. Gefangenen" aus der Lötzener Haftanstalt vom 14. November 1870
Qu.: Ns. St. A. Wlfb., 38 Neu 2 Fb. 2 Nr. 36 Bd. 1

VIII. Samuel Spier

Als Sohn einer wohlhabenden jüdischen Kaufmannsfamilie war *Samuel Spier* am 4. April 1838 in Alsfeld, einem kleinen Ort zwischen Marburg und Gießen gelegen, geboren worden. Bis zu seinem 13. Lebensjahr besuchte er dort die Schule, wechselte dann an das Gymnasium in Gießen und von dort einige Zeit später nach Büdingen. Nach 6 Jahren Studium der Naturwissenschaften an der Universität in Gießen trat Spier 1862 in Segnitz bei Kitzingen/Würzburg eine Lehrerstelle an. Rund zwei Jahre später, im Alter von nunmehr 26 Jahren, zog er als „erster Lehrer" an die jüdische Samson-Schule)[1] nach Wolfenbüttel.

Samuel Spier
1838 - 1903
Qu.: Ausschnitt aus Abbildung 10

An der Lehranstalt herrschte ein für die Zeit erstaunlicher liberaler Geist. So gehörten zum Beispiel auch einige Nichtjuden zu den Internatszöglingen, und es wurde für diese christlicher Religionsunterricht erteilt. *Samuel Spier* war kein „praktizierender" Jude, er stand religiösen Dingen sogar reserviert gegenüber. Die allgemeine Geisteshaltung an der Schule dürfte ihm so sehr entgegengekommen sein.

In politischer Einstellung rechnete er sich selbst anfänglich dem nationalliberalen Bürgertum zu; in der Arbeiterfrage vertrat er die Ansicht von *Schultze-Delitsch*.

... hatte ich in socialer Beziehung der Richtung von *Schultze-Delitsch* gehuldigt und auch Theil genommen an den volkswirthschaftlichen Congressen in Dresden 1863 und in Braunschweig 1866. In politischer Beziehung rechnete ich mich im Wesentlichen zu der National=Liberalen=Partei.)[2]

Mit *Schultze-Delitsch* persönlich war *Spier* auf einer Versammlung des Nationalvereins am 4. August 1866 in Braunschweig zusammengetroffen)[3]. Zu weiteren herausragenden Persönlichkeiten der Liberalen, wie *Franz Duncker* und *Dr. Siegmund Müller*, unterhielt *Spier* Briefkontakte)[4].

Die vermutlich ersten öffentlichen politischen Äußerungen *Samuel Spiers* stammen aus dem Jahre 1866. Als freier Mitarbeiter für das liberale „Braunschweiger Tageblatt" begann er in diesem Jahre Artikel zu verfassen)[5]. In diesen frühen öffentlichen Äußerungen ist seine Gesinnung eines auf nationale Einheit orientierten Liberalen deutlich zu erkennen. Anläßlich der aufkommenden schleswig-holsteinischen Frage zum Beispiel schrieb er Preußen die Führungsrolle in einem deutschen Staatenbund zu und billigte sogar mögliche militärische Aktionen zur Erreichung der nationalen Einheit)[6]. *„Der Fortschritt zur einheitlichen Gestaltung Deutschlands in 1866 wurde freudig von mir anerkannt")*[7], bekannte *Spier* später.

Ganz in dem Geiste eines Nationalliberalen engagierte sich dann auch *Spier* in Wolfenbüttel im Arbeiterbildungsverein und zeitweilig im Gewerbeverein. Im pädagogischen Verein von Wolfenbüttel setzte er sich für die Liberalisierung des Schulwesens und im Verband Freireligiöser für Toleranz und religiöse Freizügigkeit ein.

Im Arbeiterbildungsverein waren einige Anhänger Lassalles und der Internationale vertreten. Namentlich sind hier nochmals der Metalldreher *Müller* und *Wilhelm Dannhauer* hervorzuheben. *Spiers* Tätigkeit in dem Arbeiterbildungsverein brachte es so zwangsläufig mit sich, daß er mit den Lehren der Lassalleaner konfrontiert wurde und sich mit ihnen auseinanderzusetzen hatte. Die Beschäftigung mit dieser Sicht der Arbeiterfrage ließ *Spier* in seiner bisherigen Ideologie zunehmend ins Wanken geraten. Den entscheidenden Gesinnungswandel vom Nationalliberalen zum Sozialisten brachte schließlich das Erlebnis des Arbeitertages am 21. Juli 1867 in Braunschweig und das Zusammentreffen mit *Wilhelm Bracke*.

Damals war ich Delegierter für den Arbeiter-Bildungs-Verein zu Wolfenbüttel zu dem braunschweigischen Arbeiter=Tag zu Braunschweig ... Vor dem oben genannten Arbeiter-Tage hatte ich ein Buch gelesen von *F. A. Lange* über *Carrey* und *Mill*. Daraus fand ich, daß der Socialismus doch nicht blos eitel Narrheit und Unsinn sei, wie es so gewöhnlich in den ganzen National=Liberalen=Blättern dargestellt wurde. Nach dem Arbeiter=Tage, der mich ebenfalls mehrfach aufgeklärt, las ich dann die verschiedenen Lassalleschen Broschüren, die mich in socialer und politischer Hinsicht packten und aufklärten, wie dieses ja ein Buch gethan. Seitdem rechne ich mich der Social=Demo-

kratischen Partei angehörig – Allgemeiner Deutscher Arbeiter=Verein, Gruppe Schweitzer –. ...
Ich bin in den Allgemeinen Deutschen Arbeiter-Verein eingetreten im Juli 1867.)[8]

Daß *Samuel Spier* von nun an mit ganzem Herzen der sozialistischen Arbeiterbewegung verbunden war, zeigen wohl sinnfällig genug seine vielfältigen Aktivitäten, wie sie in den vorangegangenen Kapiteln geschildert wurden. *Spier* verfolgte dabei niemals eine radikale Linie, sondern warnte hingegen immer wieder vor zu radikalen Forderungen. Dahinter steckte eine vorsichtige Einschätzung des herrschenden Zeitgeistes, des politisch Machbaren und die Befürchtung, durch zu umstürzlerisches Auftreten den unbedingten Widerstand der Staatsgewalten hervorzurufen und so der Sache eher zu schaden als sie voranzubringen.

Samsonschule an der Komißstraße/Ecke Harzstraße; Foto um 1855
Hier wohnte und arbeitete Samuel Spier von 1864 bis 1870
Qu.: Ns. St. A. Wlfb., 50 Slg. 1014 Nr. 2

Wegen seines ständigen Bemühens um Sachlichkeit in der Auseinandersetzung und um Ausgleich, nahm *Samuel Spier* in der Arbeiterbewegung die Stellung eines Mittlers zwischen den verschiedenen Gruppierungen ein. So wurde er zum Beispiel einmal von *Liebknecht* darum gebeten, mit *Michael Bakunin,* der in der Internationale mit *Marx* um die Führerrolle rang, Kontakt aufzunehmen und sich von ihm über seinerzeit aktuelle revolutionäre Ereignisse in Rußland informieren zu lassen.

> Seien Sie so gut und schreiben Sie sofort an *Bakunin,* er soll einen ausführlichen Bericht über die Russischen Vorgänge bringen.)[9]

Aber auch gerade das vorsichtige Taktieren *Spiers* forderte immer wieder die Kritik von Mitstreitern heraus und ließ seine Aktivitäten in der Arbeiterbewegung nicht unumstritten sein. Mit unmißverständlicher Schadenfreude reagierte so *Bebel* auf die Nachricht, daß auch *Spier* im Zusammenhang mit dem Manifest vom September 1870 verhaftet worden war.

> Daß der vorsichtige *Spier* so mit reingefallen ist, könnte mich ordentlich heiter stimmen ...)[10]

Doch wer erst einmal mit *Spier* näher zu tun bekam, mußte sehr bald erkennen, daß ihm jeder persönliche Ehrgeiz fern lag und daß es ihm ausschließlich um die Sache ging. „*Spier ist doch ein famoser Kerl*", bekannte *Wilhelm Liebknecht,* der *Spier* anfänglich ebenfalls reserviert gegenüber gestanden hatte)[11], „*In Basel lernte ich erst, was hinter ihm steckt*". Ausgesprochen herzlich verkehrte jetzt *Liebknecht* mit *Spier.*

> Lieber Freund!
> Ich freue mich, jetzt Deine Autorität dafür zu haben, alles Religiöse aus dem Blatt weglassen zu können. Mit dem Staat fällt die Kirche von selbst, mit der Kirche aber nicht der Staat.
> Gruß Dein W. L.)[12]

Samuel Spier verfügte über ein Privatvermögen von etwa 40.000 Talern und hatte zudem noch ein Lehrergehalt von 200 Talern jährlich bei freier Logis. So finanziell gut abgesichert, konnte er sich natürlich recht unbefangen gegenüber möglichen staatlichen Maßregelungen seiner politischen Arbeit widmen. Etwa ab Mitte 1870 aber kam *Spier* in finanzielle Bedrängnis. Transaktionen des Bankhauses der Gebrüder Löbbecke & Co in Braunschweig und des Bankvereins Hertzer, Hollmann & Co in Wolfenbüttel drohten ihn um sein Vermögen zu bringen. Eine ganze Reihe unangenehmer und nervenaufreibender Privatklagen beschäftigten jetzt *Spier.*

Ein Verfahren um etwa 14.000 Taler Streitwert war vor dem Braunschweiger Handelsgericht und in der Berufung vor dem Oberlandgericht

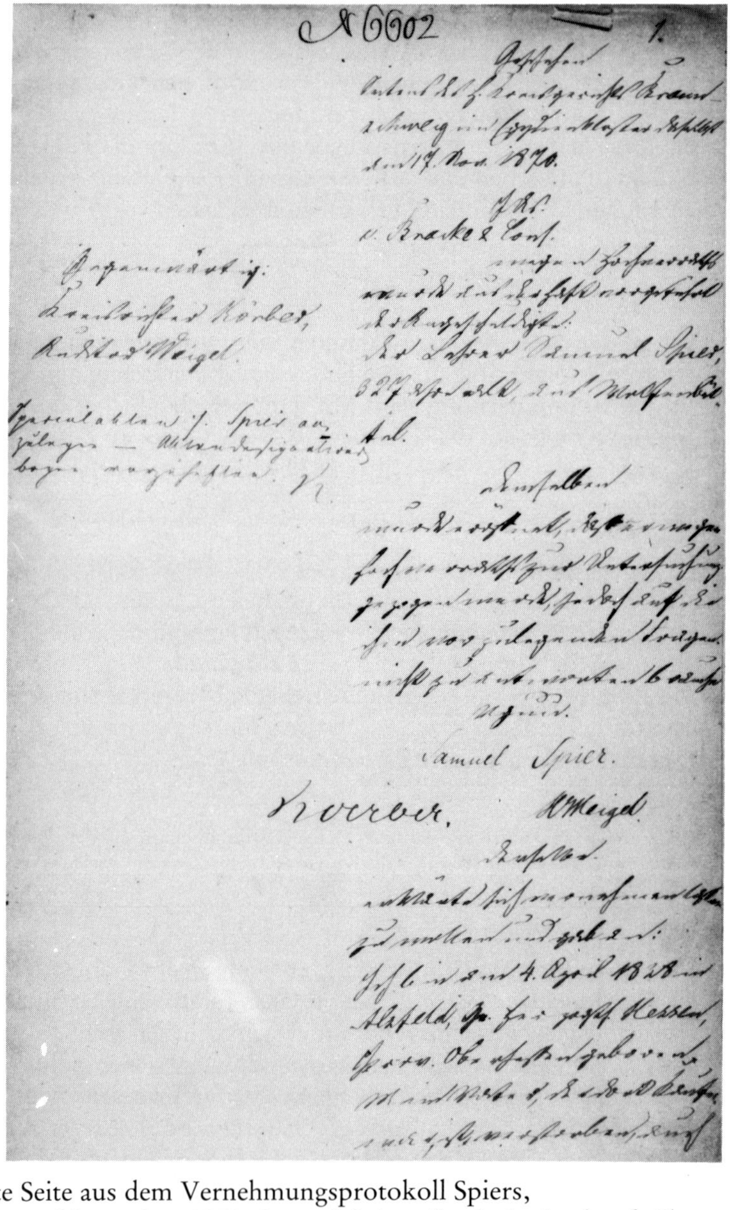
N 6602
1.
Samuel Spier.
Koerber.
AWeigel

Erste Seite aus dem Vernehmungsprotokoll Spiers,
vom 17. November 1870. Samuel Spier gibt darin Auskunft über seinen bisherigen Lebenslauf und seinen Weg in die Arbeiterbewegung.
Qu.: Ns. St. A. Wlfb., 38 A Neu Fb. 2 Nr. 36 Bd. 5

in Leipzig bereits zu seinen Gunsten entschieden worden)[13]. Ein Prozeß um etwa den gleichen Streitwert gegen den Wolfenbütteler Bankverein stand gerade bevor, als die Verhaftung der Parteiausschußmitglieder und deren Deportierung nach Lötzen erfolgte.

Die Haft und insbesondere ein sehr kleinliches Verhalten der Gefängnisleitung behinderten *Spier* – eventuell sogar entscheidend – in der weiteren Ausschöpfung seiner Rechtsposition gegenüber den Bänkern. So mußte er eine Einspruchsfrist verstreichen lassen, weil der diensthabende Gefängnisinspektor *Spiers* noch spät abends geäußerten Verlangen um Herbeirufung seines Anwaltes nicht nachkam.

> Eines Abends hörte ich *(Bracke)* an der Thüre der Spier'schen Zelle ein heftiges Klopfen. *Spier* hatte nämlich plötzlich, nach einem Studium der betreffenden Gesetzbücher entdeckt, daß ein in seinen Angelegenheiten mit den Herren Banquiers nothwendiger Antrag noch am folgenden Tage eingebracht werden mußte; unter solchen Umständen war der eifrige Wunsch, noch rechtzeitig seinen Anwalt bei sich zu sehen, wohl erklärlich. Sein Klopfen aber war vergeblich, .. auf so prompte Bedienung sind unsere Gefangenen=Anstalten nicht eingerichtet, der Gefangene hat darauf keinen Anspruch. Im Gegentheil, nach der Hausordnung muß Derjenige, der solchen ungebührlichen Lärm macht, für 24 Stunden ins „Schwarze Loch")[14]

„*Ob dadurch die Interessen Spiers geschädigt sind*", spekulierte nun selbst *Bracke* über den plötzlichen Rückzug seines bisherigen Kampfgefährten aus der politischen Arbeit)[15], „*vermag ich nicht anzugeben.*" Gleich nach der Haftentlassung beendete *Spier* sein Arbeitsverhältnis an der Samson-Schule in Wolfenbüttel und ließ sich in Frankfurt a. M. als Privatgelehrter nieder.

Auch wenn *Spier* sich jetzt nicht mehr in exponierter Stellung für die Sozialdemokratie engagierte, so stand er doch offensichtlich weiterhin zu der Sache. Sein Auftreten und seine Aussagen bei den Verhandlungen in Braunschweig und Wolfenbüttel und als Zeuge beim Prozeß gegen *Bebel* und *Liebknecht* im März 1872 in Leipzig jedenfalls lassen keinen Gesinnungswandel erkennen. In Frankfurt erschienen über einige Zeit noch ein paar Artikel in der sozialdemokratischen Zeitschrift „Volksstimme", schließlich aber wurde es gänzlich still um *Spier.*

Aus den Einwohnermelderegistern Frankfurts und standesamtlichen Eintragungen ließen sich nur noch wenige Stationen im Leben *Spiers* zusammentragen)[16]. Bereits kurze Zeit nach seinem Umzug von Wolfenbüttel nach Frankfurt war er weiter nach Segnitz verzogen, jenem Ort, an dem er von 1862 bis 1864 als Lehrer tätig gewesen war. Vermutlich hier verheiratete er sich mit *Anna Kaufmann.* Aus der Ehe gingen mindestens zwei Kinder hervor; ein Sohn, *Oskar* – später Rechtsanwalt und Notar – wurde am 29. März 1875 in Segnitz geboren und eine namentlich nicht zu recherchierende Tochter, ebenfalls in Segnitz im Jahre 1876 geboren. Ab 1882 wohnte *Spier* wieder in Frankfurt a. M., und zwar:

1882 bis 1885 Niedenau 60
1886 bis 1892 Savignystr. 33 a
ab 1896 Mendelssohnstr. 69

Im Alter von 65 Jahren ist *Samuel Spier* am 9. November 1903 gestorben.

Zur Wahl.

Am 3. **März** werden im neuen deutschen Reiche die

Wahlen zum Deutschen Reichstage

stattfinden.

In einem furchtbaren Kriege hat Deutschland im Wesentlichen seine nationale **Einheit** gefunden.

Aber diese langersehnte Einheit **ist wenig werth ohne die Freiheit.** Diese Freiheit wird dem deutschen Volke nicht auf dem Präsentirteller geboten werden, sondern sie wird nur errungen in unermüdlichem kräftigem Ringen. **Das vornehmste Mittel in diesem Bestreben ist die Wahl zum Reichstag.** Da sie nach dem allgemeinen, gleichen Wahlrecht erfolgt, hat das Volk es in seiner Macht, einen Mann zu wählen, der **seine** Interessen, **seinen** Wünschen und Bedürfnissen entspricht.

In Uebereinstimmung mit einer großen Anzahl von Wählern der betreffenden Wahlkreise hat das unterzeichnete Comitée für den Wahlkreis

Wolfenbüttel-Helmstedt

den Lehrer S. Spier in Wolfenbüttel

als Candidaten aufgestellt und fordert nunmehr alle Wähler in diesen Kreisen auf, **nur diesen Candidaten** ihre Stimme zu geben.

Die Begründung dieser Aufforderung, welche wir Jedem ernstlich und dringend ans Herz legen, ist sehr einfach.

Das Ziel, wonach das deutsche Volk sich sehnt, ist

der eine freie deutsche Volksstaat.

Ausschnitt aus einem Flugblatt der Wolfenbütteler Sozialdemokraten zur Wahl des ersten dt. Reichstags, am 3. März 1871.

Samuel Spier war, noch im Gefängnis sitzend, als Kandidat für den Wahlkreis Helmstedt-Wolfenbüttel nominiert worden. Am Wahltag erhielt er 464 Stimmen, auf seinen Gegenkandidaten von den Nationalliberalen, August Ludwig v. Rochau, entfielen 7.103 Stimmen. Spier war auch für den Wahlkreis Mittweida-Frankenberg nominiert worden.
Hier unterlag er erst in einer Stichwahl dem Gegenkandidaten.

Qu.: Ns. St. A. Wlfb., L Neu Abtlg. 133 Vorl. Nr. 31

IX. Ausblick

1873 begannen die Differenzen zwischen den beiden konkurrierenden Parteien ADAV und SDAP abzuklingen: Eine Wirtschaftskrise zwang die Parteifunktionäre, ihr Augenmerk wieder mehr auf die unmittelbaren Nöte der Arbeiterschaft zu richten; in dem sich immer mehr festigenden Bismarck-Staat verschwammen zudem die alten Gegensätze und mit dem Ausscheiden *von Schweitzers* aus dem ADAV, im Mai 1871, entfielen auch weitgehend persönliche Trennungsmotive unter den Parteimitgliedern. Auf einem Kongreß in Gotha, vom 22. bis 27. Mai 1875, fand schließlich der Zusammenschluß der beiden Parteien unter dem Namen **Sozialistische Arbeiterpartei Deutschlands** statt.

Durch den Zusammenschluß erhielt die Arbeiterbewegung in Deutschland einen beachtlichen Aufschwung. 1877 waren bereits zwölf sozialdemokratische Abgeordnete im Reichstag vertreten. Doch mit dem „Gesetz gegen die gemeingefährlichen Bestrebungen der Sozialdemokratie", am 19. Oktober 1878 vom Reichstag verabschiedet, war die Arbeiterbewegung einer neuerlichen Belastungsprobe unterworfen.

Im Raum Wolfenbüttel hatten die Behörden keine Probleme mit den Ausführungsbestimmungen des Sozialistengesetzes. Hier schlummerte seit 1871 die Sozialdemokratie. Lediglich Gewerkschaftsgruppen der Metallarbeiter, Schneider und Tischler mußten beobachtet werden)[1]. Ein in Harzburg tätiger Arbeiter-Gewerkverein löste sich sogar selbst auf.

Nach dem Fall des Sozialistengesetzes, im Jahre 1890, traten die Wolfenbütteler Sozialdemokraten erst ganz allmählich wieder in Erscheinung. Ansatzpunkte für politische Aktivitäten gab es dagegen hinreichend. Die Industrialisierung hatte in der Stadt weiteren Fortschritt genommen und mit den Arbeitsbedingungen war es bei weitem nicht zum Besten bestellt.

Neben den Maschinenfabriken Grobleben und Eberhardt bestand mittlerweile die Maschinenfabrik Ehrhardt, die hauptsächlich für Korn- und Ölmühlen arbeitete, und die Maschinenfabrik Brandes, die als Gießerei für den Brücken- und Eisenbahnbau produzierte. Die Landmaschinenfabrik der Gebr. Welger nahm 1899 die Produktion auf. Zahlreiche kleinere Betriebe, wie die Möbelfabrik Knust, die Zuckerwarenfabrik Mahn, die Mühlenbauanstalt Kissel, Seifenfabriken und Konservenfabriken boten weitere Arbeitsplätze.

Der Mensch galt immer noch nicht viel bei den Unternehmern. Eine Anordnung, wonach Schulkinder im Sommer nur noch bis 21.00 Uhr und im Winter bis 20.00 Uhr auf den örtlichen Kegelbahnen arbeiten durften, wurde 1899 als besonderer sozialer Fortschritt hervorgehoben. Die Handwerksmeister verloren erst 1900 das Züchtigungsrecht über ihre Gesellen und bis in die dreißiger Jahre mußte für die Ausbildung ein Lehrgeld an den Handwerksmeister gezahlt werden.

Die Löhne für die Handwerksgesellen lagen durchschnittlich bei ein bis zwei Mark täglich, Industriearbeiter erhielten in der Regel zwanzig bis vierzig Pfennig pro Stunde. Urlaub war für die Arbeiterschaft ein unbekannter Begriff.

Während in den Sommerferien die Kinder der finanziell gut gestellten Eltern an die See oder in die Berge fuhren, zogen die Kinder armer Familien morgens früh in die Feldmark, um dort rund zehn Stunden lang zum Beispiel Rüben zu verziehen oder Erbsen zu pflücken. Als Lohn erhielten sie, falls sie fleißig waren, sechzig bis siebzig Pfennig.

> ... Eine wahre Musteranstalt für Auspressung der Arbeiter ist die Schweihagen'sche Ziegelei. Eine 16- bis 18 stündige Arbeitszeit gehört dort zur Tagesordnung. Um nun den Arbeitern den weiten Weg zur Arbeitsstätte, d.h. sich selbst den Ausbeutungsverlust, zu sparen, läßt der Besitzer Wohnungen, richtig gesagt Ställe einrichten. Einen Estrich gibt's nicht, die Erde wurde einfach festgestampft. In der Mitte der Decke bildet ein hervorstehender Balken den Kleiderbehälter, an den beiden Seiten dieses Balkens werden die Kleider aufgehängt und theilen dann so den Stall – nicht doch, das ,,Arbeitsheim". Rechts und links stehen je zwei Bettstellen von roh zusammengeschlagenen Brettern mit Stroh und ein paar Decken ausgefüllt, und hier soll der Arbeiter nach 16 stündiger rastloser Thätigkeit seinen Körper ausruhen und zu neuer Thätigkeit, in mitten der aus der Erde und den getragenen Arbeitskleidungsstücken ausströmenden gesundheitsschädlichen Dünste. Nun, den armen Zieglern ist auch der Stempel der Noth und Entbehrung aufgedrückt: bleich, abgehärmt, frühzeitig gealtert, so wanken sie einem frühen Tod entgegen, ein trauriges Bild von der Ausbeutung des Menschen durch den Menschen. ...)[2]

Zunächst rund fünfzig Wolfenbütteler, hauptsächlich Zigarrenarbeiter, Weißgerber und Metallarbeiter, bekannten sich nach dem Fall des Sozialistengesetzes offen zur Sozialdemokratischen Partei und gründeten einen Ortsverein. In einer ersten Ortsvereinsversammlung wurde der Zigarrenmacher Bernhard Wimmer zum Vorsitzenden der Ortsgruppe gewählt. Zur Betreuung der Personen, die mit der Sozialdemokratie sympatisierten, sich aber nicht getrauten der Partei beizutreten, wurde der Schneider Bielstein als Vertrauensmann eingesetzt.

Aber statt sich ganz auf die anstehenden Probleme der Arbeitsbedingungen zu konzentrieren, erging man sich in Zwistigkeiten und Eigenbrödeleien. Alle paar Monate wechselte der Vorstand)[3]. In nahezu blinder Selbstzerfleischung zog man sich sogar gegenseitig vors Gericht. Der Landesvorstand sah sich schließlich veranlaßt, die Wolfenbütteler Genossen in scharfer Form zur Ruhe und Ordnung und zur Konzentration auf die eigentlichen Aufgaben zu ermahnen)[4].

Nach einer Zeit der Konsolidierung entschloß man sich im November 1901 erstmals mit eigenen Kandidaten bei Kommunalwahlen anzutreten. Doch erst Jahre später zeigten die Bemühungen Erfolg.

Zum 7. November 1909 wurde eine Nachwahl zur Stadtverordnetenversammlung erforderlich. Die bürgerlichen Gruppierungen konnten sich nicht einigen, welcher ihrer Kandidaten Unterstützung finden sollte. Unversehens fand sich der erste Sozialdemokrat in das Stadtparlament gewählt. Der Schriftsetzer Albert Schelz erzielte gegen seinen bürgerlichen Kontrahenten, den Gerichtssekretär Küke, 254 von 426 Stimmen. – Sicherlich ein denkwürdiges Ereignis !"

Georg Wilhelm Traugott Albert Schelz war am 14. Februar 1875 als Sohn eines Gefängnisaufsehers in Hannover geboren worden. Im Heckners Verlag in Wolfenbüttel erlernte er das Handwerk des Schriftsetzers. Nach Jahren der Wanderschaft nach Leipzig, Salzburg und Meran, kehrte er wieder nach Wolfenbüttel zurück und trat hier am 5. Oktober 1907 in die SPD ein. Im April 1908 übernahm er in dem Ortsverein das Amt des 1. Vorsitzenden und wurde im August 1909 zum SPD-Kreisvorsitzenden gewählt.

Nach dem Kriegsdienst trat Schelz im Dezember 1918 wieder in den Wolfenbütteler Stadtrat ein und wurde als Volksbeauftragter in den Braunschweiger Landtag berufen. Auf Betreiben von Gustav Steinbrecher und Dr. Heinrich Jasper trat er 1919 in Schöningen gegen Sepp Oerter (USPD) als Bürgermeisterkandidat an)[5].

Von September 1919 bis September 1925 bekleidete Albert Schelz in Schöningen das Amt des Bürgermeisters, dann stellte er sich nicht wieder zur Wahl. 1928 verzog er nach Holzminden, wo er im Mai des Jahres das Amt des Kreisdirektors übernahm. 1930 wurde er von den Nationalsozialisten abgesetzt und 1933 in Schutzhaft genommen. Gleich nach Kriegsende setzte ihn die Militärregierung in Holzminden als Landrat ein. Albert Schelz ist am 22. April 1949 in Holzminden gestorben.

In Wolfenbüttel , nun wieder, währte die Freude über die Wahl von Albert Schelz nur ein halbes Jahr. Bei der turnusmäßigen Stadtverordnetenwahl rauften sich Beamtenschaft, Handel und Gewerbe zusammen und ließen den Kandidaten der Arbeiterschaft keine Chance. Dann aber, bei den Stadtverordnetenwahlen im Januar 1912, zogen mit Albert Schelz und dem Kernmacher Scheerle gleich zwei Arbeitervertreter in das Rathaus ein. Von nun an gehörten Sozialdemokraten zum festen Bestandteil im Wolfenbütteler Stadtparlament.

Die Partei hatte sich ebenfalls gut entwickelt. 1914 zählte man 453 männliche und 47 weibliche Mitglieder. Dagegen konnte auch ein ,,Verein zur Bekämpfung der Sozialdemokratie" nichts ausrichten, der sich im November 1908 in Wolfenbüttel konstituiert hatte)[6].

Unterschiedliche wirtschaftliche Entwicklungen in den europäischen Staaten und das Streben einiger Staaten nach Weltgeltung verschärfte seit der Wende zum zwanzigsten Jahrhundert die nationalen Gegensätze. Im großen Stil durchgeführte Aufrüstungsmaßnahmen und ein überzogener Nationalismus förderten politische Instabilitäten. Die sozialistische Internationale erwies sich wieder einmal als zu schwach und konnte den Ausbruch des Ersten Weltkrieges nicht verhindern.

Begeistert zogen auch die Wolfenbütteler, und unter ihnen Sozialdemokraten, in den Krieg. Doch der Begeisterung folgte bald die Ernüchterung. Im sogenannten Kohlrübenwinter von 1916/1917 mußten viele Einwohner der Stadt ihr Leben lassen. Im Jahr 1918 bestanden besonders erschreckende Versorgungsschwierigkeiten. Dörrgemüse, Pferdebohnen, dicke Graupen und Steckrüben waren die hauptsächlichen Nahrungsmittel. Hungerthyphus und Blutruhr griffen um sich. Zeitweilig mußte die Auguststadt wegen Seuchengefahr für den Durchgangsverkehr gesperrt werden.

Im gesamten Reich wuchs in der Bevölkerung Unmut über die sich hinziehenden Kriegshandlungen und die soziale Lage. Anfang November 1918 kam es dann zu einem revolutionären Aufbegehren in mehreren Teilen des deutschen Kaiserreiches. Auch das Herzogtum Braunschweig und darin Wolfenbüttel wurde von den Unruhen erfaßt.

Ursprung war bekanntlich Kiel, wo am 4. November Marinesoldaten meuterten, das Rathaus der Stadt besetzten und zusammen mit Werftarbeitern einen Arbeiter- und Soldatenrat bildeten. In der Folge der Ereignisse dankte der deutsche Kaiser ab und es wurde in Berlin die Republik ausgerufen.

In den Abendstunden des 7. November erreichte eine Abordnung Marinesoldaten Braunschweig und erzwang den Verzicht des Herzogs von Braunschweig-Lüneburg, Ernst August von Cumberland, auf den Thron für sich und seine Nachkommen. Etwa gegen fünf Uhr am Morgen des 8. November 1918, hielten einige mit Matrosen besetzte Kraftwagen in Wolfenbüttel ihren Einzug. Ohne Widerstand konnten sie die Kasernen, das Rathaus und die Polizeistation besetzen. Gegen Mittag wurde auf einer Versammlung im Hotel Zum Löwen ein Arbeiter- und Soldatenrat gewählt)[7].

Schon im Vorfeld der Kriegshandlungen war es unter den Vertretern der sozialdemokratischen Reichstagsfraktion zu Meinungsverschiedenheiten gekommen. Die Differenzen verstärkten sich und führten schließlich 1917 zur Abspaltung der Oppositionellen von der Mutterpartei und der Formierung als Unabhängige Sozialdemokraten (USPD). Im Vergleich zu den Parteivertretern auf Reichsebene und im Land Braunschweig, waren die Gegensätze zwischen den Wolfenbütteler SPD- und USPD-Anhängern anfänglich nicht so groß. Man trat mit gemeinsamen Kandidaten zu Wahlen an und forderte sogar in einer gemeinsamen Entschließung, Anfang 1919, die Parteivertreter des Reiches zu einer Einigungsversammlung auf.

Bestrebungen der USPD-Führung im Land Braunschweig, sich von der Regierungshauptstadt Berlin loszusagen und gemeinsam mit Hamburg, Bremen und Leipzig eine selbständige Räterepublik zu bilden, trennte schließlich auch die Wolfenbütteler Vertreter von SPD und USPD.

Mit einem landesweiten Generalstreik versuchte die USPD um den Braunschweiger Vorsitzenden August Merges die Zielvorstellungen durchzusetzen. Am 10. April 1919 wurde in Wolfenbüttel der Generalstreik ausgerufen und über die Stadt der Belagerungszustand verhängt. Bewaffnete USPD-Vertreter zwangen die Betriebe die Arbeit einzustellen. An den Ortsausgängen wurden Geschütze aufgestellt)[8]. Wolfenbüttel war von der Außenwelt abgeschnitten.

Aber schon am 15. April galt der Streik in Wolfenbüttel als wieder beendet. Truppen des Reichswehrministers Noske beendeten die Revolution im Lande.

Nach mehreren Jahren, zum Teil unsinnigen Gegeneinanders, fanden die beiden Parteien SPD und USPD im September 1922 auf einem Parteitag in Nürnberg wieder zueinander. In Wolfenbüttel trafen darauf am 1. Oktober die Ortsvertreter der beiden Parteien zusammen und wählten einen neuen Vorstand)[9].

Braunschweig, den 8. November 1918.

"Ich" Ernst August, Herzog von Braunschweig und Lüneburg " erkläre:

dass ich für mich und meine Nachkommen auf den Thron verzichte, und die Regierung in die Hände des Arbeiter- und Soldatenrates lege.

ARBEITER- SOLDATENRAT
BRAUNSCHWEIG

Ernst August

von Grone

Erklärung des Herzogs von Braunschweig-Lüneburg, Ernst August, gegenüber dem Arbeiter- und Soldatenrat vom 8. November 1918. Der Herzog bescheinigt darin den Verzicht für sich und auch alle seine Nachkommen auf den Thron und eröffnet damit im Herzogtum die Demokratisierung.

Die Verantwortlichen gestalteten eine interessante Parteiarbeit. Kulturelle Veranstaltungen, Liederabende, Volkskonzerte, Frauentreffs und Spielenachmittage für Kinder gehörten neben politischen Informationsveranstaltungen zu den regelmäßigen Programmpunkten. Es gelang zwar nicht, die Aktivitäten in entscheidende Veränderungen bei der Wählergunst umzusetzen, aber es konnten kommunalpolitische Schlaglichter gesetzt werden.

Zur Unterstützung der Notleidenden setzte die SPD 1923 im Stadtrat die Bereitstellung finanzieller Mittel durch; für den Winter wurden Wärmehallen eingerichtet. Ihr gelang die Durchsetzung eines Kreiswohnungsamtes, das künftig ordnend in die Wohnraumverteilung eingriff. Im September 1926 fanden sich einige Sozialdemokraten zusammen und gründeten die Baugenossenschaft „Eigenhilfe". Die Einrichtung von Volksbildungskursen wurde durchgesetzt und 1926 wurde eine konfessionslose Schule, Weltliche Schule, eröffnet. Weitere Schlaglichter der sozialdemokratischen Kommunalpolitik waren die Einführung von Schwimmunterricht als obligatorisches Unterrichtsfach, die Einrichtung einer öffentlichen Lesehalle und eines Jugendheimes.

Mit der 1929 einsetzenden Weltwirtschaftskrise verschlechterte sich auch die Lage in Wolfenbüttel zusehends. Konkurse und Entlassungen trieben die Erwerbslosenzahlen in der Stadt auf einen Stand, der weit über dem Reichsdurchschnitt lag. Zusätzlich machte den Sozialdemokraten der in der Stadt immer mehr erstarkende Nationalsozialismus zu schaffen. Seit dem 19. November 1922 bestand hier eine Ortsgruppe der NSDAP.

Zum Schutz vor den Übergriffen der SA Leute stellten die Wolfenbütteler Sozialdemokraten im Mai 1924 eine Reichsbanner-Truppe zusammen. Neben etlichen Händeleien zwischen SA-Angehörigen und den Reichsbanner-Leuten kam es am 5. Juni 1930 zu einer Saalschlacht im Hotel Zum Löwen, an der Breiten Herzogstraße. Eine weitere Massenschlägerei fand im Mai 1932 an der Lindener Straße statt.

Die Nationalsozialisten betrieben immer brutaler und unverholener ihre „Machtergreifung". „Säuberungsaktionen", die zahlreiche Sozialdemokraten, Kommunisten, aufrechte Demokraten des bürgerlichen Lagers, Anhänger religiöser Gemeinschaften und viele mehr in Arbeitslager brachten, für manche sogar den Tod, erstickten jede andersdenkende politische Regung. Am 12. April 1933 löste sich der SPD-Ortsverein auf.

Gleich nach Kriegsende begannen die Alliierten damit, die Verwaltung im Lande wieder auf eigene Füße zu stellen. Bereits im April 1945 wurde in Wolfenbüttel der Rechtsanwalt Lindemann von der Militärregierung zum Landrat bestellt. Der alte Sozialdemokrat Willi Mull wurde zum Bürgermeister der Stadt ernannt. Ein von der Militärregierung zusätzlich zusammengestelltes Beratungsgremium sollte die Versorgungslage und den Gang des täglichen Lebens organisieren.

Der Brief- und Postverkehr kam wieder in Gang, Fabriken nahmen ihre Arbeit auf, Zeitungen erschienen und bald erwachte auch das politische Leben wieder.

Zunächst noch illegal agierend, betrieben Walter Heise, Franz Hüther und Otto Rüdiger die Neugründung einer SPD-Ortsgruppe. Am 16. Dezember hielten die Sozialdemokraten in Wolfenbüttel eine erste öffentliche Versammlung ab. Am 9. März 1946 fand schließlich im Lokal Linnes Garten am Neuen Weg eine Mitgliederversammlung statt, auf der offiziell der erste Ortsvereinsvorstand der Nachkriegszeit gewählt wurde)[10].

In der Parteiarbeit bedurfte auch die Mitgliederbewegung der Aufmerksamkeit. So mancher, von der Vergangenheit Belastete, versuchte sich unter dem Mantel der SPD zu tarnen. Mit dem Aufbau einer Jungsozialistengruppe sollte die Entwicklung des Parteinachwuchses gefördert werden und auch Frauen sollten, stärker als bisher, für die Parteiarbeit gewonnen werden.

Bei den ersten demokratischen Wahlen der Nachkriegszeit, im September beziehungsweise Oktober 1946, erhielt die SPD im Stadtrat und im Kreistag die meisten Sitze. In der Kreisvertretung langte es mit 26 von 42 Sitzen sogar zur absoluten Mehrheit. Bereits vorher waren Otto Rüdiger (SPD) zum Bürgermeister der Stadt Wolfenbüttel und Paul Eyferth zum Landrat gewählt worden.

Mit wechselndem Erfolg waren von nun an die Sozialdemokraten im Stadtparlament und im Kreistag vertreten. Viele werden sich noch an die Zeiten erinnern können, in denen Willi Mull als Stadtdirektor, Otto Rüdiger und Fritz Ehrhoff als Bürgermeister das Geschehen im Rathaus im besten sozialdemokratischen Geist prägten oder in denen „use Landrat" Ernst Kunkel die politischen Geschicke des Landkreises Wolfenbüttel führte.

Mit der Bevölkerungszahl wuchs die Zahl der SPD Mitglieder. Einige umliegende Ortschaften verschmolzen mit Wolfenbüttel, so daß die Partei schließlich an eine organisatorische Umgestaltung denken mußte, um gesellschaftliche Veränderungen auch parteipolitisch effektiv umsetzen zu können. 1982 wurde der Ortsverein Wolfenbüttel aufgelöst. Die in den Ortsteilen tätigen Abteilungen wurden zu selbständigen Ortsvereinen erhoben. Als Klammer zwischen diesen Ortsvereinen dient ein Stadtverband, der sich am 22. Oktober 1982 konstituierte.

Anmerkungen

I. Die Arbeiterbewegung in Deutschland

1: *Bettina von Arnim* hat in ihrem mehrbändigen Werk „Dies Buch gehört dem König" einen eindrucksvollen Bericht über die Verhältnisse in einem Berliner Arbeiterwohnviertel gegeben.

II. Wolfenbüttel

1: Weber, Karl Julius
Deutschland oder Briefe eines in Deutschland reisenden Deutschen
Bd. 4; Stuttgart 1828, S. 148 f

2: Einwohnerstatistik aus dem Adreßbuch 1872; a. a. O.
1855, 8028 Einw.
1860, 8610 Einw.
1865, 9395 Einw.
1868, 10016 Einw.
1870, 10296 Einw.

3: Aßmann/Stavenhaben; a. a. O.

4: ebd.

5: Einkommenstatistik aus dem Adreßbuch 1872; a. a. O.

Thaler im Jahr	1857	1865	1871
	Anzahl	der	Pers.
75 - 100	245	128	169
101 - 150	553	697	1008
151 - 200	198	321	395
201 - 250	124	172	232
251 - 300	81	77	97
301 - 350	29	64	82
401 - 500	43	60	67
5001 - 6000	1	2	3

6: Die geschilderten Wohn- und Hygieneverhältnisse waren nicht nur für Wolfenbüttel symptomatisch, sondern waren in ähnlicher Form in fast allen Städten des Reiches anzufinden.

7: Der Bruch war ein Straßenzug der heutigen Krumme Str., zwischen der Mauren- und der Harzstraße. Nachdem es wiederholt zu Bürgerbeschwerden gekommen war, da der Straßenname mit einer gleichlautenden Bordell-Straße in Braunschweig in Verbindung gebracht wurde und deswegen Bewohner immer wieder verleumdet wurden und Wohnungen an der Straße zunehmend leer standen, wurde im Mai 1912 die Krumme Str. auf den Bruch erweitert.
NS.ST.A.Wlfb., 34 N Fb. 5 Nr. 664

8: Reichenstraße, jetzt Reichsstraße; dort wo heute ein Parkplatz zwischen hohen Bäumen eingerichtet ist, standen früher Wohnhäuser. Entlang der Straße zog sich ein schmaler Okerlauf, der im Volksmund Muddegraben genannt wurde. Nachdem es in diesem Wohnbereich besonders viele Cholera-Tote gegeben hatte, wurden die Häuser an der einen Seite der Reichsstraße vollständig abgerissen und der Muddegraben zugeschüttet.
P. Eyferth; a. a. O.

9: Ns. St. A. Wlfb., 12 A Neu Fb. 4 Nr. 1005; Der Ausbruch der Cholera im Lande 1850 -1855
Vergl. auch: Anneliese Gerbert; a. a. O., S. 133 ff

10: Immer wieder finden sich in den Zeitungen der Zeit Artikel, in denen Ärzte die hygienischen Verhältnisse in Wolfenbüttel anprangern. Im Braunschweiger Tageblatt vom 17. Juni 1866 zum Beispiel heißt es: „... Wer an einem warmen Tage die engen und abgelegenen Straßen der Stadt ... betritt, findet seine Geruchsnerven in nicht geringem Grade beleidigt. Die Gossen starren von Koth und Schmutz ...“

11: Ns. St. A. Wlfb., 34 N Fb. 1 Nr. I Vol. 35; Protokolle der Stadtverordnetenversammlung

12: Das Gebäude steht nicht mehr. Es befand sich an der Ecke Lange Herzogstraße/Okerstraße, dort, wo heute ein Brunnen den freien Platz ziert.

13: Die Gebäudefront ist denkmalpflegerisch geschützt und wird derzeit in eine Neubaukonzeption integriert.

14: Der Standort war das Haus direkt an der scharfen Kurve der heutigen Krumme Straße, jetzt Neubau.

15: Heute Teil des Geländes der Stadtwerke Wolfenbüttel.

16: In einem Teil des Fabrikgebäudes ist heute eine Bettenfabrikation.

17: Das Fabrikgebäude an der heutigen Dr. Heinrich Jasper Str. ist Wohnneubauten gewichen.

18: „Der Stadtmagistrat ist die Obrigkeit der Stadt. Er hat die städtischen Angelegenheiten der Stadt zu verwalten, in Reichs- und Landesangelegenheiten die Geschäfte zu besorgen, welche ihm gesetzlich überwiesen sind, ferner einzelne Aufträge zu vollziehen, welche ihm im Bezirke der Stadt, von der Staatsbehörde erteilt werden, und den Ersuchen der sonstigen Behörden Folge zu leisten. ..."
Ns. St. A. Wlfb., 34 N Fb. 1 Nr. II, 5; Entwurf einer revidierten Städteordnung 1849
Vergl. auch Marlis Buchholz; a. a. O.

19: Die Regelung eines besoldeten Staatsbeamten als Stadtoberhaupt beruhte auf einer herzoglichen Verfügung aus dem Jahre 1836. Das jährliche Einkommen des Stadtdirektors belief sich auf rund 1000 Taler im Jahr. Mit der Stadtdirektorstelle waren gleichzeitig die Direktion der Strafanstalt, des Polizeiamtes, des Stadtgerichtes und des Schleusenwesens verbunden.
Erst 1917 nutzten die Wolfenbütteler ihr in der Städteordnung eingeräumtes Selbstbestimmungsrecht und wählte der Stadtrat am 4. April d. J. *Paul Eyferth* zum Bürgermeister.
Ns. St. A. Wlfb., 12 A Neu Fb. 13 Nr. 5633; Akten zur Besetzung der Stadtdirektorstelle in Wolfenbüttel 1830 - 1917

20: *Kubel* stand mehrfach wegen überzogener Handlungsweisen im Kreuzfeuer der Kritik und wurde sogar mit anonymen Drohbriefen bedacht.
Ns. St. A. Wlfb., 12 A Neu Fb. 13 Nr. 5633; Akten betr. der Vorkommnisse auf dem Schloßplatz 1835

21: *Wilhelm Baumgarten* führte das Amt vom 1.9.1855 bis 31.12.1886.

22: Die Stadtverordneten hatten z. B. das Entscheidungsrecht über die Einteilung der Bürger in die drei Steuerklassen. Die Zustimmung der Stadtverordneten war u. a. erforderlich
– zur Feststellung der Dienstverträge für Hilfsbeamte und Gemeindediener.

– zur Aufnahme von städtischen Anleihen.
– zum Erwerb und zur Veräußerung von Grundstücken durch die Stadtverwaltung.
– zur Anstellung und Entlassung von Hilfsbeamten und Gemeindedienern.

23: Neben einer sogenannten Stempelgebühr wurden noch 2 Taler verlangt. Ein Tagelöhner mußte also gut einen Wochenlohn aufbringen, um die Bürgerrechte zu erhalten.
Ns. St. A. Wlfb., 34 N Fb. 3 Nr. 158/159; Erwerb der Bürgerrechte 1837 - 1840 - 1847.
12 A Neu Fb. 13 Nr. 5699; Akte bert. Statut, die Erhebung einer Gebühr für die Erteilung des Bürgerrechts in der Stadt Wolfenbüttel 1871 - 1917.
Q 3724; Sammelmappe Ordnungen und Statuten der Stadt Wolfenbüttel 1827 ff.

24: Am 6. August 1831 richtete ein *Scholz III* an den Stadtmagistrat ein Schreiben, in dem er um Genehmigung zur Bildung des Bürgervereins nachsuchte. Der Verein wollte nicht nur Berater der Stadtverordneten sein, sondern wollte auch Verwaltungsentscheidungen den Bürgern der Stadt erklären. Nach den Statuten durfte „jeder volljährige, selbständige Einwohner der hiesigen Stadt, welcher nicht in eines Anderen Dienste steht, oder zur Klasse der Tagelöhner gehört, ..." Mitglied in dem Verein sein. Dementsprechend dominierten in dem Bürgerverein Handwerksmeister, Ärzte, Kaufleute, Advokaten und Lehrer. Zu den aktiven Mitgliedern zählten: Kaufmann *Johann Julius Steding* (Präsident), *Scholz III, A. Meyer, F. Lippolt, Ludwig Wolters, Johann Heinrich Abt, Albrecht Schulz, C. F. Hollmann, G. Niedemann*, Banquier *L. Seeliger, Ernst Tielecke, L. G. H. Schneider, F. G. Hoepner.*
Ns. St. A. Wlfb., 34 N Fb. 1 Nr. XXI, 15; Acta den Bürger-Verein hieselbst betr. 1831/1832
Bibl. Wlfb., Gn Kapsel 77 Nr. 55/56; Statuten

25: Ns. St. A. Wlfb., 34 N Fb. 1 Nr. XXI, 5 - 14 und 16 - 25; Akten betr. die Einrichtung einer Bürgergarde bzw. Volks-Bürgerwehr 1830 - 1870

III. Die Anfänge der Arbeiterbewegung in Wolfenbüttel

1: Ns. St. A. Wlfb., 12 A Neu Fb. 5 Nr. 6208; Acta Mißbräuche und unerlaubte Verbindungen unter den Handwerkergesellen betr.

2: Ns. St. A. Wlfb., 12 A Neu Fb. 5 Nr. 6211; Unruhen 1845-1851
Vergl. auch: Eckert; a. a. O., S. 13 ff

3: P. Eyferth; a. a. O., S. 44 f

4: Ns. St. A. Wlfb., 34 N Fb. 1 Nr. XI, 21; Acta die Beschäftigung der hiesigen Arbeiter bert.

5: Ns. St. A. Wlfb., 12 A Neu Fb. 5 Nr. 6212; Bekanntmachung der Kanzlei des Staatsministeriums in Braunschweig im Namen des Herzogs, vom 24. März 1848.

6: ebd.; Acta inquisitionis wider den Tagelöhner Heinrich Schrader und Complicen, hieselbst, wegen Aufruhres.

7: ebd.

8: ebd.

9: ebd.

10: In den Untersuchungs- und Prozeßakten befinden sich verschiedene Schreiben von Handwerksmeistern, in denen diese ihren verurteilten Gesellen die Anstellung und untadelige Führung bescheinigen.
Die Strafen mußten allgemein im Januar/Februar angetreten werden.

11: Als Beschäftigte werden genannt: *Reinert, Wiegmann, Joh. Schlecht, Heinr. Becker, Heinr. Schrader, Heise, Söchtig, Mädge, Knoche, 1. Achilles, 2. Achilles, Maasberg, Ludw. Bruns, Denecke, Röhrig, Wallbaum, Horn, Bartels, Pape, Bosse, Klages, Rud. Schrader, Steingräber, Krüger, Stanze, Carl Denecke, Müller.*
Ns. St. A. Wlfb., 34 N Fb. 1 Nr. XI, 21

12: ebd.

13: Die Untersuchungen beruhten auf einem Bundesbeschluß, politische Organisationen zu beobachten und überregionale Verbindungen weiterzumelden.
Ns. St. A. Wlfb., 12 A Neu Fb. 5 Nr. 6208

14: „An
Herzogliches Staatsministerium
zu Braunschweig
berichtet Herzogl. Kreis-Direction Wolfenbüttel über die in hiesigem Kreise bestehenden politischen Vereine, auf das hohe Rescript vom 10ten October 1848."
In dem Bericht wird noch auf einen bestehenden Bürgerverein in Schöppenstedt und einen Ortsverein in Hessen hingewiesen. Ns. St. A. Wlfb., 12 A Neu Fb. 5 Nr. 6214

15: Vorsitzender in dem Arbeiterverein – zeitweilig auch Verein der freien Arbeiter genannt – war ein Schneidergeselle *Bartels*. Er wird genannt im Zusammenhang mit einer handgreiflichen Auseinandersetzung zwischen Vereinsmitgliedern in Geitelde 1848. Da ein *C. Bartels* als Vorsitzender des Wolfenbütteler Handwerkervereins genannt wird, ist es möglich, daß beide Organisationen identisch sind.
Am 27. November 1851 teilte die Kreisdirektion in Wolfenbüttel dem Braunschweiger Staatsministerium mit, daß der Handwerkerverein das Vorhaben aufgegeben habe, eine Unterstützungskasse zu gründen, aber wohl eine entsprechende Verbindung nach Braunschweig bestehe.
Es bestand in Wolfenbüttel auch noch eine sogenannte Gesellen-Wanderkasse, näheres war aber nicht zu ermitteln.
Die Unterstützungskassen der Handwerksgesellen und Arbeiter wurden von Seiten der Gilden argwöhnisch betrachtet und zum Teil mit heftigem Widerstand bedacht.
Ns. St. A. Wlfb., 12 A Neu Fb. 5 Nr. 6211 und 6216

16: Ns. St. Wlfb., 34 N Fb. 1 Nr. XI, 22; Acta der Arbeiterfrage im Frühjahr 1848 betr.

17: Schreiben des Königl. Preuß. Staatsministeriums (v. Arnim) an den Herzoglich Braunschweigischen Minister der auswärtigen Angelegenheiten *v. Schleinitz*, vom 29. Juni 1851. Das Staatsministerium bittet in dem Schreiben darum, über den Verein in Wolfenbüttel Erkundigungen einzuziehen und vorhandene Vereinsunterlagen zu beschlagnahmen.
Ns. St. A. Wlfb., 12 A Neu Fb. 5 Nr. 6216

18: ebd.

19: In dem Bericht wird auch aufgeführt, welche demokratisch orientierten Zeitschriften gelesen werden, und zwar „an den sg. Blättern der Zeit im Amte Wolfenbüttel etwa 6 Exemplare, Salder 10 Exemplare, Schöppenstedt 25 Exemplare, Harzburg 6 Exemplare vom Uhlichschem Sonntagsblatte im Amte Schöppenstedt 4 Exemplare ... die (die Leser) jedoch weniger wegen der politischen Tendenzen als wegen der darin vorkommenden pikanten Redensarten daran Theil zu nehmen scheinen."
ebd.

20: In dem Bericht werden direkt der Bürgerverein, der Handwerkerverein und ein Gesellenverein (vermtl. ist damit der Wolfenbütteler Arbeiterverein gemeint) angesprochen. Über den Handwerkerverein heißt es u. a. noch: „... scheint sich von allem politischen Treiben fern zu halten."
ebd.

21: Ns. St. A. Wlfb. 12 A Neu Fb. 5 Nr. 6217; Acta das Gesetz über die Aufhebung der Arbeiter-Vereine vom 16ten September 1854.

22: Ns. St. A. Wlfb., 12 A Neu Fb. 5 Nr. 6216

23: Ein Jahr nach der Gründung nannte sich die Kasse „Unterstützungsverein der Cigarrenarbeiter in Wolfenbüttel", später tauchen auch noch die Bezeichnungen „Cigarettenarbeiter Unterstützungskasse (CAUC)" und „Cigarettenarbeiterverein" auf.
Einige Namen der Mitglieder sind überliefert, da rückständige Beitragszahlungen über den Stadtmagistrat eingetrieben wurden: *Bumbach, Brückener, Buchheister, Cissoe, Dosse, Deschede, Diestel, Ecks, Eichholz, Ferdinand, Carl Fricke I, Fricke II, Fromme, Gödecke, Grote, Hild, Heister, Hübener, Isensee, Jungbluth, Jahns, Kipp, Kohse, Wilh. Kresse, Krone, Liebscher, Friedrich Meves, Münstermann, Mohe, Milhar, Madsack, Mohn, Pauselius, Röhrig, Reinecke, Schrannt, Schwanet, Stephan, Schillers, Schuppe, Schildners, Heinrich Sommer, Th. Sielemann, Täschner, Thielemann, Uhde, Weinberg, Wolfersdorf, Wulzo* aus Leipzig.
Ns. St. A. Wlfb. 34 N Fb. 1 Nr. XIX, 60; Bericht der Herzogl. Polizeidirektion vom 4. September 1857 an den Wolfenbütteler Stadtmagistrat.

24: Entsprechende Hinweise finden sich im Braunschweiger Tageblatt vom 14. Juli 1867, näheres jedoch war nur noch über eine ,,Mahlergehilfen-Krankencasse" zu ermitteln. Der Vorstand ließ (bis 1866 nachzuweisen) ebenfalls über den Stadtmagistrat säumige Beitragszahlungen eintreiben.
Vorstand: Ladenmeister *Bohde*, 1. Kassengehülfe *Dramm*, 2. Kassengehülfe *Kremmling*, Altgehülfe *G. Ellerich*.
Rückständige Beitragszahler: *Beese, Hänzel, Heinemann, Th. Hämmerling, Kaufmann, A. Kindervater, Nielsen, Schmunk, Schulz. ebd.*

IV. Politisierung der Arbeiterbewegung in Wolfenbüttel

1: Bibl. Wlfb., G1 Kapsel 12 Nr. 11; Festschrift zur Gründung der dt. Sozialdemokratie vom 23.5.1903, Leipzig 1903

2: ,,Der hiesige Arbeiter-Bildungs-Verein hält am Sonntag, 31. December, Nachmittags 4 Uhr, im Locale des Herrn *Häge* (Schloßplatz) eine Generalversammlung ab."
Braunschweiger Tageblatt vom 30.12.1865

3: Braunschweiger Tageblatt vom 6.1.1866

4: Bis auf ein gedrucktes Exemplar der Vereinsstatuten und den Berichten im Braunschweiger Tageblatt sind keine Unterlagen über den Verein mehr erhalten.

5: *Bracke* (a. a. O.; S. 119) nennt als Vornamen Heinrich, es handelt sich dabei aber unzweifelhaft um den in div. Berichten mit *C. Müller* bezeichneten. *Müller* ist noch vor 1870 nach Braunschweig verzogen. 1872 wurde gegen den Metalldreher *Müller* eine Verhandlung geführt wegen Mißbrauchs des Vereins- und Versammlungsrechtes. Die Akten, im Nieders. Staatsarchiv in Wolfenbüttel unter 38 A Neu Gr. 2 Fb. 2 Nr. 53 registriert, waren nicht auffindbar, so daß derzeit über *C. Müller* keine weiteren Aussagen getroffen werden können.

6: Auf einer internationalen Arbeiterversammlung am 28. September 1864 in St. Martin's Hall in London wurde die Gründung einer internationalen Arbeiter-Assoziation (IAA) beschlossen. *Marx*, als treibende Kraft, nahm als Vertreter der deutschen Arbeiter teil.

7:

§ 1

Der Zweck des Vereins ist: Die Beförderung der Bildung und Hebung des Arbeiterstandes im Allgemeinen durch Ertheilung von Unterrichtsstunden in den verschiedenen Lehrfächern, sowie durch Anschaffung nützlicher Bücher und Zeitschriften zu erzielen.

§ 2

Jeder Erwachsene, welcher das 18. Lebensjahr zurückgelegt oder seine Lehrzeit beendet hat, kann als Mitglied aufgenommen werden, sobald ihm kein unmoralisches Betragen nachgewiesen wird. Wer die Aufnahme wünscht, hat sich schriftlich bei dem Präsidenten zu melden. …

§ 3

Zur Verwaltung und Leitung der Geschäfte wählt der Verein einen Vorstand durch einfache Stimmenmehrheit auf die Dauer eines Vierteljahres, bestehend aus:

a) einem Präsidenten
b) einem Vicepräsidenten
c) einem Schriftführer
d) einem Cassierer
e) einem Controlleur und
f) vier Ordnern

§ 9

Jedes Mitglied hat monatlich 5 Gr. prän. an den Cassierer zu entrichten; außerdem zahlt jeder neu Eintretende 2 1/2 Groschen Eintrittsgeld. Sollten Mitglieder mit ihren Beiträgen 2 Monat und darüber im Rückstande bleiben, so werden sie durch Aufrufen der Namen in den Versammlungen an die Zahlung erinnert. Erfolgt dann nach Verlauf von 8 Tagen nicht die rückständige Zahlung, so werden dieselben als ausgeschieden erklärt. …

§ 19

Der Verein hält jeden Sonnabend eine ordentliche Versammlung, alle Monat eine Monatsversammlung und alle 3 Monate eine Generalversammlung zur Erledigung seiner Vereinsangelegenheiten, sowie zu socialen, gewerblichen und wissenschaftlichen Vorträgen ab. …

§ 21

Von Seiten des hiesigen Stadtmagistrats ist dem Arbeiter-Bildungs-Verein die freie Benutzung eines Lokales der Bürgerschule (auf der Harzstraße) verwilligt. Jedes Mitglied ist gehalten, die Bedingungen strenge zu beachten, die der Stadtmagistrat an die Benutzung des Lokales geknüpft hat. Sie befinden sich in dem diesen Statuten beigefügten Anhange.

§ 24

Den jetzigen Mitgliedern sowie einem jeden Neueintretenden ist ein Exemplar dieser Statuten gratis zu verabreichen.

Wolfenbüttel, den 21. April 1866 Der Vorstand

Bedingungen

welche von Seiten des Stadtmagistrats gestellt sind, unter denen die Benutzung des Schullokales gestattet ist.

1. Jede Ruhestörung und unsittliches Betragen im Schullokale sind verboten.

2. Rauchen und das Trinken von Spirituosen ist streng verboten.

3. Das Schullokal muß immer rein abgeliefert werden.

4. Jedes Mitglied ist dem Lehrer gegenüber zum strengen Gehorsam verpflichtet.

5. Der Vorstand ist für den Verein verantwortlich.

6. Wenn gegen diese Satzungen gehandelt wird, behält sich der Stadtmagistrat vor, die Benutzung des betreffenden Lokales sofort zu widerrufen.
   Bibl. Wolfb., Gn Kapsel 76 Nr. 21; Statuten des Arbeiterbildungsvereins in Wolfenbüttel vom April 1866, Druck E. Stölter Kanzleistr. 260

8: Auf einer hierzu im April einberufenen Lehrerkonferenz – Bericht im Braunschweiger Tageblatt vom 13. April 1866 – wurden die Unterrichtsfächer, der Einsatz der Lehrkräfte und die Unterrichtstage sowie die Unterrichtszeiten festgelegt.

9: Braunschweiger Tageblatt vom 27. März 1866.

10: Braunschweiger Tageblatt vom 20 Oktober 1866.

11: Nach Aussage von *Müller* im Lötzener Prozeß, vergl. Bracke; a. a. O.

12: Braunschweiger Tageblatt vom 16. Januar 1867

13: Bilb. Wlfb., Gn 334; Sammlung von Plakaten etc., darin Liste der Teilnehmer.

14: *Spier* auf einer Versammlung am 6. August 1867 in Wolfenbüttel.

15: Im „Social-Democrat" vom 30. Dezember 1866, dem offiziellen Mitteilungsblatt des ADAV, wird als Bevollmächtigter für Wolfenbüttel ein *W. Wellner* genannt. Es ist aber nicht sicher, ob daraus allein der Schluß geführt werden kann, daß die Wolfenbütteler ADAV-Mitglieder bereits zu diesem Zeitpunkt eine eigenständige Ortsgruppe bildeten; mit dem Beitritt *Spiers* war dies aber auf jeden Fall gegeben.

V. Die Wolfenbütteler Sozialdemokraten

1: Das Gremium wurde gebildet von *Heinrich Höltje, Lindemann, C. Müller,* dem Arbeitsmann *Christian Mumme* und *Wilhelm Dannhauer.*

2: Bericht über die Versammlung im Braunschweiger Tageblatt vom 3. und 9. August 1867.

3: *Fritzsche* (1825 - 1905) zählte 1866 mit zur Mende-Hatzfeldschen Absplitterung des ADAV.

4: Braunschweiger Tageblatt vom 13. August 1867

5: Braunschweiger Tageblatt vom 27./29. August und 1. September 1867 der „Erbprinz" lief später unter dem Namen „Deutsches Haus" und befand sich dort, wo heute ein Lebensmittelmarkt sein Domiziel hat.

6: Braunschweiger Tageblatt vom 27./28. August 1867

7: Braunschweiger Tageblatt vom 19. Juli 1868

VI. Eine neue Arbeiterpartei

1: *Johann Baptist von Schweitzer* (1834 - 1875), Rechtsanwalt aus Frankfurt a. M., Herausgeber und Chefredakteur des „Social-Demokraten" und von 1867 bis 1871 Präsident des ADAV. Nach 1871 zog er sich vom politischen Leben zurück.

2: Vernehmungsprotokoll Spier vom 21. Nov. 1870, a. a. O.

3: ebd.

4: „... hatte ich auf der Reise zur Dresdener Naturforscher-Versammlung Leipzig besucht und hier mit *Bebel* und *Liebknecht* zufällig die beiderseitigen Parteiverhältnisse besprochen. ..."
ebd.

5: A. Bebel; a. a. O., S. 240

6: A. Bebel; a. a. O., S. 240 ff

7: zit. in Eckert; a. a. O., S. 103

8: Während der Sozialistengesetzgebung hielt sie ein Genosse *Sebastian* in seiner Wohnung am Kaiserplatz (heute Holzmarkt) versteckt. Bei der Parteispaltung (1917) ging die Fahne, wie auch viele andere Besitzstände der Partei, in die Hände der USPD über, von hier später zur KPD-Ortsgruppe. Am 21. September 1924 wurde die Fahne von KPD-Angehörigen einem russischen Regiment übergeben. Die Fahne gilt seither als verschollen. Versuche, in der Sowjetunion Nachforschungen anzustellen, sind bisher ohne Erfolg gewesen.

VII. ,,Hoch- und Landesverräter

1: Karl Kautsky, Sozialisten und Krieg. Zit. in Eckert; a. a. O., S. 130

2: ,,Diese Erklärung (gemeint ist die von *Bebel* und *Liebknecht* zur Verweigerung der Kriegskredite) erregte viel böses Blut und ich muß gestehen, daß der damalige Ausschuß der Arbeiterpartei, zu dessen Mitgliedern auch ich zu gehören die Ehre hatte, dieselbe für einen taktischen Fehler ansah. ... zumal wir den Krieg auf deutscher Seite für einen reinen Vertheidigungskrieg ansahen, ... später erst sahen wir ein, daß es mindestens doch sehr fraglich ist, ob der Krieg damals auf deutscher oder auf französischer Seite am liebsten gesehen wurde."
Bracke; a. a. O., S. 2

3: Bracke; a. a. O., S. 5 f

4: *Karl Marx* leitete die Anfrage der Braunschweiger weiter nach Manchaster an *Friedrich Engels.* Der entwarf eine Art Aktionsprogramm für die SDAP-Führung. ,, Ich meine die Leute können", so schrieb *Engels,* ,,1. sich der nationalen Bewegung anschließen ..., soweit und solange sie sich auf Verteidigung Deutschlands beschränkt ... 3. Jeder Annexion von Elsaß und Lothringen entgegenwirken ... 5. die Einheit der Interessen der deutschen und französischen Arbeiter fortwährend hervorzuheben ...". *Karl Marx* leitete dann wiederum das Engels-Papier an die Braunschweiger weiter.
Vergl. hierzu Eckert; a. a. O., S. 127 ff

5: Einige der Formulierungen in dem Manifest wurden dem *Engels/Marx* Aktionsprogramm entnommen. *Samuel Spier* hatte an der Abfassung des Manifestes selbst nicht teilgenommen, da die Zugverbindung zwischen Braunschweig und Wolfenbüttel gestört war. Bei seinem Eintreffen in Braunschweig kritisierte er zwar einige Formulierungen, billigte aber insgesamt den Inhalt des Manifestes.
Bracke; a. a. O., S. 320

6: A. Bebel; a. a. O., S. 320

7: *Bracke* hielt die Ereignisse in einem umfassenden Bericht über die sogenannte Lötzener Kettenaffäre fest.
Bracke; a. a. O., S. 41 ff

8: Die Einzelheiten der Verhaftung schilderte *v. Bohnhorst.*
ebd.

9: Im Niedersächsischen Staatsarchiv in Wolfenbüttel finden sich mehrere Akten über Prozesse aus früheren Jahren gegen *Sievert* wegen Vergehens gegen das Pressegesetz, Majestätsbeleidigung usw. *Sievert* scheint sozialistischem Gedankengut nicht ablehnend gegenübergestanden zu haben.

10: In der Verhaftungswelle können durchaus auch wahltaktische Gründe gesehen werden. Zum 3. März 1871 standen Reichstagswahlen an und die Sozialdemokraten waren durch die Verhaftungen im Wahlkampf einem Teil ihrer führenden Köpfe beraubt.

11: Bracke; a. a. O., S. 198

VIII. Samuel Spier

1: Der jüdische Hofbankier *Philipp Samson* (1743-1805) ließ im Hause Harzstr. 12 etwa 1786 eine einklassige Religionsschule mit Internat für arme und elternlose Judenkinder einrichten. Unter der Leitung von *Samuel Meyer-Ehrenberg* (1773-1853) öffnete sich die Lehranstalt zunehmend dem Gedanken einer christlich-jüdischen Symbiose und entfernte sich von dem bisherigen Character einer reinen Talmud-Tora-Schule. Um 1860 nahm die Schule ihr Domiziel an der Kommißstraße. Das Schulgebäude mit Internat und Synagoge erstreckte sich vom Knick Kommißstraße (Textilgeschäft Erdbrink & Vehmeyer) bis zur Harzstraße. Hier übte *Samuel Spier* seine Lehrtätigkeit aus.

2: Vernehmungsprotokoll Spier vom 21. November 1870; a. a. O.

3: *Spier* berichtete über die Versammlung und das Zusammentreffen mit *Schulze-Delitsch* im Braunschweiger Tageblatt vom 16. November 1866.

4: „... werden unter meinen Papieren auch Privat=Briefe von *Franz Duncker* in Berlin und *Dr. Siegmund Müller* in Frankfurt gefunden worden sein."
Vernehmungsprotokoll Spier vom 21. November 1870; a. a. O.
Franz Duncker gründete 1868 zusammen mit *Max Hirsch* nach englischem Vorbild freiheitlich-national ausgerichtete Gewerkschaftsvereine. *Dr. Siegmund Müller* war Stadtrat in Frankfurt a. M. und im Verband der deutschen Arbeitervereine tätig.

5: Das Braunschweiger Tageblatt erschien erstmals am 1. September 1865

6: „... Aber das von den wirklich national und nicht insgeheim doch particularistisch gesinnten Deutschen erstrebte Ziel der Einheit wird überhaupt nicht durch Reden und Parlamentieren, auch nicht durch Revolutionieren erreicht. Wohl aber wird es erlangt durch freiwilliges Abtreten der doch nur scheinbaren Souveränitätsrechte, oder aber auch durch entschiedenes Annektieren."
Spier im Braunschweiger Tageblatt vom 28. Juni 1866

7: Vernehmungsprotokoll vom 21. November 1870; a. a. O.

8: ebd.

9: Nach einer Abschrift aus den Lötzener Prozeßakten; a. a. O.

10: ebd.

11: ebd.

12: ebd.

13: *Bracke* erwähnt die Finanzstreitigkeiten *Spiers* an einigen Stellen in seiner Darstellung der Lötzener Affäre; a. a. O., S. 45/58 und 59. Die entsprechenden Prozeßakten befinden sich vermutlich in Leipzig.

14: Bracke; a. a. O., S. 58

15: ebd.

16: Die wenigen Daten über *Spier* nach 1871 hat freundlicherweise Herr *Dr. Dieter Rebentisch,* in Frankfurt a. M. wohnend, auf Bitten für mich recherchiert.

IX. Ausblick

1: Im Niedersächsischen Staatsarchiv, in Wolfenbüttel, befinden sich einige Polizeiberichte über die Aktivitäten der genannten Gewerkschaftsgruppen, aus dem Jahre 1886.

2: Aus einem Situationsbericht der Wolfenbütteler „Rothen", veröffentlicht in: Der Sozialdemokrat, Nr. 6, vom 10.2.1889.
zit. in G. Eckert, a. a. O., S. 289 f

3: April 1893, *Gottfried Zachau*
November 1903, *Bernhard Wimmer*
April 1908, *Albert Schelz*
Oktober 1909, *Ernst Domke*
1913, *Hermann Luckau*

4: *Im Gegenzug verwahrten sich die Wolfenbütteler Genossen in einem Schreiben gegen die „Auslassungen" des Landesvorstandes ihnen gegenüber.*

5: *Steinbrecher* und *Dr. Jasper* sind Trauzeugen bei der Heirat von *Albert Schelz,* am 8.3.1920 in Braunschweig, mit *Auguste Berta Kürschner.*

6: Zum Vorstand gehörten *Prof. Dr. Hermann Bruncke,* Zollsekretär *Fickler,* Fabrikant *Friedrich Knust,* Buchhändler *Hugo Schumacher* und Arbeiter *Heinrich Bode.*

7: **Arbeiterrat:** Schmied *Gustav Altermann,* Elektriker *Wilhelm Gebhardt,* Arbeiter Eduard Holzhausen, Schlosser *Paul Krull,* Bote *Erich Nagel,* Schmied *Ernst Remmers,* Maler *Erich Lüneburg,* Tischler *Adolf Knoche*
Soldatenrat: Wachmeister *Richard Seidel,* Sergeant *Willi Mull,* Sergeant *Heinrich Elligehausen,* Kanonier *Paul Janke,* Gefreiter *Arthur Beierlein,* Landsturmmann *Ludwig Großheim,* Kanonier *Peter Fatz*

8: Zur Streikleitung gehörten: Schlosser *Dube,* Schlosser *Gefäller,* Elektriker *Gebhardt,* Schlosser *Krull,* Former *Wimmer,* Tischler *Nagel,*

Tischler *Knoche*, Bote *Hartenstein*, Spinnmeister *Schaare*, Arbeiter *Tieschatzki.*

9: Der Vorstand wurde paritätisch aus USPD und SPD Anhängern zusammengestellt.
1. Vors. *Hermann Boog*
2. Vors. *Kurt Schultz*
1. Kass. *Otto Wendt*
2. Kass. *Rudolf Bierwirth*
1. Schrf. *Fritz Wedemeyer*
2. Schrf. *August Goedecke*

10: 1. Vors. *Franz Hüther*
2. Vors. *Ernst Kunkel*
Kass. *Heinrich Bodewei*

Bildverzeichnis

1. *Traditionsbanner der SPD (Titelfoto)*
Qu.: Privatbesitz

2. *Wolfenbüttel von Südwesten; Fotografie um 1860*
Qu.: Ns. St. A. Wlfb., 50 Slg. 78 Nr. 9

3. *Der Wolfenbütteler Stadtmarkt; Fotografie um 1880*
Qu.: Ns. St. A. Wlfb., 50 Slg. 100 Nr. 12

4. *Die Luttersche Maschinenfabrik; Steinzeichnung um 1860*
Qu.: Ns. St. A. Wlfb., 50 Slg. 1013 Nr. 6

5. *Fabrikordnung der Ravensburger Spinnerei aus dem Jahre 1865*
Qu.: Ns. St. A. Wlfb., 34 N Fb. 1 Nr. XV

6. *Fabrikordnung der Zigarrenfabrik Dosse aus dem Jahre 1859*
Qu.: Ns. St. A. Wlfb., 34 N Fb. 1 Nr. XV

7. *Nachforschungsauftrag des Braunschweiger Staatsministeriums an die dortige Polizeidirektion bezüglich möglicher Verbrüderungen zwischen bestehenden Arbeitervereinen.*

„Es ist ermittelt, daß in Wolfenbüttel ein s.g. Arbeiter-Bildungs-Verein besteht, welcher mit dem Arbeiter-Verein in Hannover Verbindung unterhält, indem er aus der Casse dieses Vereins, im Falle des Bedürfnisses, Zuschuß bezieht und etwaige Überschüsse an dieselbe abliefert.
Wir veranlassen hs. Polizeidirection, Nachforschungen anzustellen, ob der hiesige Arbeiter-Verein etwa auch zu dem Arbeiter-Verein in Hannover näher Beziehungen hat, und alsdann darüber zu berichten."
Qu.: Ns. St. A. Wlfb., 12 A Neu Fb. 5 Nr. 6216

8. *Plakat der Braunschweiger/Wolfenbütteler Gruppe des ADAV zur Asse Kundgebung am 19. Juli 1868.*
Qu.: Bibl. Wlfb., Gn 344

9. *Anlage zum SDAP-Vorstandsbericht für den Parteikongress im Juni 1870. Darin wird der Beitritt der Wolfenbütteler Ortsgruppe gleich für August 1869 registriert.*
Qu.: Ns. St. A. Wlfb., 38 A Neu 2 Fb. 2 Nr. 36 Bd. 1

10. *Der Braunschweiger Ausschuß der SDAP und die Führer der deutschen Sozialdemokratie*
Die Gefangenen des 9. September 1870 sind von Eisenketten umrahmt.
Qu.: in W. Bracke, a. a. O.

11. *„Namentliches Verzeichnis von den nach Braunschweig transportierten staatl. Gefangenen" aus der Lötzener Haftanstalt vom 14. November 1870.*
Qu.: Ns. St. A. Wlfb., 38 A Neu 2 Fb. 2 Nr. 36 Bd. 1

12. *Samuel Spier*
1838 - 1903
Qu.: Ausschnittvergrößerung aus dem Foto Nr. 10

13. *Samsonschule an der Komißstraße/Ecke Harzstraße; Foto um 1855*
Hier wohnte und arbeitete Samuel Spier von 1864 bis 1870
Qu.: Ns. St. A. Wlfb., 50 Slg. 1014 Nr. 2

14. *Erste Seite aus dem Vernehmungsprotokoll Spiers, vom 17. November 1870. Samuel Spier gibt darin Auskunft über seinen bisherigen Lebenslauf und seinen Weg in die Arbeiterbewegung.*
Qu.: Ns. St. A. Wlfb., 38 A Neu Fb. 2 Nr. 36 Bd. 5

15. *Ausschnitt aus einem Flugblatt der Wolfenbütteler Sozialdemokraten zur Wahl des ersten dt. Reichstags, am 3. März 1871.*
Samuel Spier war, noch im Gefängnis sitzend, als Kandidat für den Wahlkreis Helmstedt-Wolfenbüttel nominiert worden. Am Wahltag erhielt er 464 Stimmen, auf seinen Gegenkandidaten von den Nationalliberalen, August Ludwig v. Rochau, entfielen 7.103 Stimmen. Spier war auch für den Wahlkreis Mittweide-Frankenberg nominiert worden. Hier unterlag er erst in einer Stichwahl dem Gegenkandidaten.
Qu. Ns. St. A. Wlfb. L Neu Abtlg. 133 Vorl. Nr. 31

16. *Verzichtserklärung des Herzogs von Braunschweig-Lüneburg, Ernst August von Cumberland, vom 8. November 1918*
Foto: Archiv J. Hodemacher

Literatur- und Quellenverzeichnis

a) Literatur

– Aßmann, K./Stavenhagen, G.
Handwerkereinkommen am Vorabend der industriellen Revolution – Materialien aus dem Raum Braunschweig-Wolfenbüttel-Göttingen 1969

– Adreß-Buch für die Stadt Wolfenbüttel
nebst Mittheilungen über die Verhältnisse der Stadt Wolfenbüttel in den letzten Jahrzehnten
Wolfenbüttel 1872

– Balser, Frolinde
Sozial-Demokratie 1848/49 - 1863

– Die erste deutsche Arbeiterorganisation –
Industrielle Welt Bd. 2; Stuttgart 1962

– Bebel, August
Aus meinem Leben (6. Nachdruck der 2. Auflage)
Berlin (DDR) 1980

– Bracke jun., Wilhelm
Der Braunschweiger Ausschuß der socialdemokratischen Arbeiterpar-

tei in Lötzen und vor dem Gerichte
Braunschweig 1872

- Eckert, Georg
Hundert Jahre Braunschweiger Sozialdemokratie Teil I
Hannover 1965

- ders.
Hundert Jahre deutsche Sozialdemokratie 1863 - 1963
Hannover 1963

- ders.
Arbeiterleben in der Frühzeit des Industriekapitalismus – Beiträge zum Geschichtsunterricht Nr. 4 –
Braunschweig 1957

- ders.
Wilhelm Bracke und die Braunschweiger Arbeiterbewegung
– Referat vom 28.2.1957 –
Braunschweig 1957

- Eyferth, Paul
Erzähltes und Erlebtes aus Wolfenbüttel in den letzten hundert Jahren
Wolfenbüttel 1955

- Gebert, Anneliese
Öffentliche Gesundheitspflege und staatliches Medizinalwesen in den Städten Braunschweig und Wolfenbüttel im 19. Jahrhundert
Braunschweig 1983

- Institut für Marxismus – Leninismus, Hrg.
Geschichte der deutschen Arbeiterbewegung Bd. I - VIII
Berlin (DDR) 1966

- Koch (Staatsanwalt)
Der Prozeß gegen den Ausschuß der sozialdemokratischen Arbeiterpartei
Braunschweig 1872

- Mehring, Franz
Geschichte der deutschen Sozialdemokratie Bd. I & II
Berlin (DDR) 1980

- Moderhack, Richard Hrg.
  Braunschweigische Landesgeschichte im Überblick
  Braunschweig 1979

- Osterroth, Fr./Schuster, D.
  Chronik der deutschen Sozialdemokratie
  Hannover 1963

- Schulz, Ursula
  Die deutsche Arbeiterbewegung 1848 - 1919
  Düsseldorf 1968

b) Manuskripte/Broschüren/Zeitschriften

- Greie, Hans
  Frühe Arbeitervereinigungen in Wolfenbüttel
  – Seminararbeit, unveröff. –
  Braunschweig 1962

- ders.
  Die Anfänge der Arbeiterbewegung in Wolfenbüttel
  – Examensarbeit, unveröff. –
  Braunschweig o. J.

- Buchholz, Marlis
  Wolfenbüttels Stadtgeschichte im Kaiserreich
  – Manuskript, unveröff. –
  Wolfenbüttel 1986

- NN
  Die Arbeitervereine des Königreiches Hannover
  Hannover 1864

- NN
  Die deutsche Arbeiterpartei
  – Ihre Prinzipien und ihr Programm –
  Berlin 1863

- NN
  Festschrift zur Gründung der deutschen Sozialdemokratie für die Feier am 23.5.1903 in Leipzig
  Leipzig 1903

- Braunschweiger Tageblatt (1865 - 1870/71)
  Bibl. Wlfb., Zeitungen 4 und
  Ns. St. A. Wlfb., Z Abt. 35

- Zeitungen für den deutschen Landmann (1865 ff)
  Bibliothek Braunschweig, Zs I 1308

c) Archivalien der Herzog August Bibliothek in Wolfenbüttel

(Bibl. Wlfb.)

- Gn 344 Nr. 1 - 34
  Plakate, Aufrufe etc. der Arbeiterbewegung in Braunschweig/Wolfenbüttel 1867 ff

- Gn Kapsel 76 Nr. 21
  Statuten des Arbeiterbildungsvereins zu Wolfenbüttel 1866

- Gn Kapsel 77 Nr. 55/56
  Statuten des Bürgervereins zu Wolfenbüttel 1830/48

des Niedersächsischen Staatsarchives in Wolfenbüttel

(Ns. St. A. Wlfb.)

- Akten der Kommunalverwaltung von Wolfenbüttel 34 N*

Fb. 1 Nr. I, div.:	Beschlüsse, Schreiben usw. der Stadtverordnetenversammlung
Fb. 1 Nr. II, div.:	Verordnungen und Statuten
Fb. 1 Nr. XI, div.:	Die Beschäftigung von Arbeitern betr.
Fb. 1 Nr. XIX, div.:	Das Gesundheits-, Armen- u. Sozialwesen betr
Fb. 1 Nr. XXI, div.:	Bürgerverein/Einwohnerwehr
Fb. 3 Nr. 158/159:	Erwerb der Bürgerrechte 1837 - 1847 betr.
Fb. 3 Nr. 274:	Gesuche des Bürger- und Handwerkervereins 1848 - 1853

)* Der Bestand 34 N wurde zur Zeit meiner Recherchen neu geordnet, die o. g. Findbuchnummern können sich also zwischenzeitig geändert haben.

- Akten des Staatsministeriums in Braunschweig 12 A Neu
  Fb. 5 Nr. 644: Straßenumbenennungen etc.

- Nr. 6208: Mißbräuche und unerlaubte Verbindungen unter Handwerksgesellen
  Nr. 6209: Untersuchungen gegen Studierende in verbotenen Verbindungen
  Nr. 6211: Unruhen 1848 - 1851
  Nr. 6212: Bekanntmachungen, Verordnungen, Verstöße
  Nr. 6214: Arbeitervereinigungen im Raum Wolfenbüttel
  Nr. 6216: Beobachtungen von Arbeitervereinen 1854 ff
  Nr. 6217: Verbote von Arbeitervereinen 1854 ff

Fb. 13 Nr. 5633: Besetzung der Stadtdirektorstelle in Wolfenbüttel 1830 - 1917
  Nr. 5699: Die Bürgerrechte betr.

- Akte der Polizeidirektion in Braunschweig 133 N, div.

- Akten des Herzoglichen Kreisgerichtes in Braunschweig
  38 A Neu Gr. 2 Fb. 2 Nr. 36, I - VIII
  Haupt- und Spezialakten zur Verhandlung gegen den Braunschweiger Parteiausschuß der SDAP 1870/1871

- Akten des Herzoglichen Appelationsgerichtes in Wolfenbüttel
  L Neu Abt. 35 Buchst. B Nr. 27
  Akten der Berufungsverhandlung gegen den Braunschweiger Parteiausschuß der SDAP 1871

- Q 3724
  Sammelmappe von Verordnungen und Statuten der Stadt Wolfenbüttel 1827 ff

- 50 Slg., div.
  Fotografiensammlung

Inhaltsverzeichnis

Braunschweiger Geschichte aus dem ELM-VERLAG

Dieses Buch beinhaltet Geschichten über die Geschichte. Der Bogen spannt sich über mehrere Jahrtausende Braunschweiger Geschichte. 120 Seiten, kart., 8 Bleistiftzeichnungen und Aquarelle von Heinz Schlobach.
ISBN 3-9800409-0-9 DM 19,80

Neuerscheinung
Die erste deutsche Staatseisenbahn
Philipp August v. Amsberg war der Erbauer dieser Bahn. Ihm widmete der Autor W. M. Wunderlich sein Buch.
104 Seiten Großformat, eine Farbtafel, 70 Abbildungen, farbiger Umschlag, gebunden.
ISBN 3-9800219-7-1 DM 34,–

Bisher fehlte dem Interessenten ein leicht faßlicher Überblick über das Braunschweigische Militär. Die Aufgabe, die sich der anerkannte Heereskundler Georg Ortenburg gestellt hat, war, einen historischen Abriß dieses Kapitels zu geben. Im Geleitwort schreibt Professor Dr. W. Knopp: „Die Geschichte des Braunschweigischen Militärs aus der sachkundigen Feder von G. Ortenburg schließt eine oft empfundene Lücke.“ In einem Anhang berichtet der Braunschweiger Autor J. Hodemacher über Braunschweiger Kasernen. 116 Seiten, acht Farbtafeln und mehr als 60 Abbildungen, farbiger Umschlag, gebunden.
ISBN 3-9800219-6-3 DM 42,–

Alltagsgeschichten und Anekdoten in ostfälischem Platt – ein Stück Heimatgeschichte. 42 Seiten, 4farb. Umschlag, brosch. **– bereits in der 2. Auflage erschienen –**
ISBN 3-9800219-2-0 DM 7,80

Plattdeutsche Bücher aus dem ELM-VERLAG

Dieser Band umfaßt eine Sammlung plattdeutscher Geschichten und Gedichte von Autoren aus dem Braunschweiger Land. Viele Erinnerungen werden wach, liest man die Vertelligen von Wilhelm Börker, Fritz Fricke, Th. Reiche und vieler anderer.

Der Band wurde zusammengestellt von Jürgen Hodemacher und von Günther Bendt illustriert.

Ca. 176 Seiten, farbiger Umschlag, gebunden.

ISBN 3-9800219-5-5 DM 19,80

Hier ist der Band 2 plattdeutscher Geschichten aus unserem Land. Neben einer Reihe Braunschweiger Autoren kommen auch solche zu Wort, die im Harz und in der Heide lebten. Alle hatten jedoch das gleiche Ansinnen: von ihrer Heimat in Plattdeutsch zu berichten.

Ca. 150 Seiten, 15 Zeichnungen von Günther Bendt, farbiger Umschlag, gebunden.

ISBN 3-9800219-9-8 DM 19,80

wie hait dat woll in Platt?
Kleines Wörterbuch für ostfälisches Platt

Endlich ist es da: Ein Wörterbuch für ostfälisches Platt.

Das Interesse an unserer Muttersprache ist in letzter Zeit stark gestiegen. Dieses Buch soll „Anfängern" und „Fortgeschrittenen" helfen, sich leichter in das ostfälische Platt einzulesen. Eine Einführung bringt zunächst etwas über die Sprachgebiete, es folgen die Seiten Hochdeutsch/Platt und Platt/Hochdeutsch sowie plattdeutsche Redewendungen aus unserem Raum. 76 Seiten, brosch.

ISBN 3-9800219-8-X DM 14,80